De regreso a la santidad

Una jornada personal y para toda la iglesia hacia un avivamiento

Una guía bíblica para la limpieza diaria y asambleas solemnes para toda la iglesia

Dr. Gregory R. Frizzell

De regreso a la santidad
ISBN 978-1-930285-38-5 (libro de bolsillo)
ISBN 978-1-941512-51-7 (libro electronico)

Derechos de Autor © 2006 por Gregory R. Frizzell.
Publicado por by Master Design Publishing
  789 State Route 94 E,
  Fulton, KY 42041
  www.masterdesign.org

Ordenar desde Greg Frizzell Ministries: frizzellministries.org

Reservados todos los derechos. Prohibida la reproducción total o parcial de este libro, en toda forma, incluyendo fotocopiado, grabación, u otros métodos de almacenaje electrónico, sin la autorización previa del autor, excepto en lo permitido por las leyes de copyright de los Estados Unidos de América.

A menos que se indique de otra manera, todas las citas bíblicas se toman de la Versión Reina Valera Revisada, revisión de 1960, propiedad de las Sociedades Bíblicas Unidas.

Libros de Gregory R. Frizzell disponibles en inglés

- Returning to Holiness *A Personal and Church-wide Journey to Revival*
- How to Develop A Powerful Prayer Life *The Biblical Path to Holiness and Relationship with God*
- Local Associations and United Prayer *Keys To The Coming Revival*
- Biblical Patterns for Powerful Church Prayer Meetings *God's Changeless Path to Sweeping Revival and Evangelism*
- Prayer Evangelism for the Local Church *One Church's Miraculous Story of Blessing and Deliverance*
- America — Revival, Judgment or Both? *Recognizing and Reversing the Twenty-five Devastating Signs of the Times*
- Healthy Relationships, Healed Families and United Churches *A Personal and Church-wide Journey to the Heart of Revival*
- Escaping the Trap of Lifeless Religion *The Joy and Peace of Really Knowing God*
- Seeking the Reviver, Not Just Revival *Personal and Corporate Prayers That Bring Sweeping Revival*
- Restoring the "Missing Elements" for Revival, Awakening and Kingdom Growth
- Building an Evangelistic, Kingdom-Focused Church Prayer Ministry *God's Path to Revival, Discipleship and Evangelism*
- Holiness and Power in Christian Leaders *A Leader's Life Journey of Cleansing, Revival and Spiritual Intimacy with God*
- Loving God Means Loving Each Other *Recapturing the Power of Koinonia Fellowship*
- Powerful Marriage and Family Prayer *Restoring the Missing Key to Healthy Families and Healthy, Revived Churches*
- Covenant of Love and Accountability *Returning to Biblical Grace and Lordship*
- Saved, Certain and Transformed *Journey to Biblical Salvation, Full Assurance and Personal Revival*
- Dynamic Church Prayer Meetings *Why Every Church Should Want Them!*
- Empower Us O God *A Leader's Preparation for Acts 1:8 Evangelism, Ministry and Prayer*
- Seeking God To Seek A Pastor *Vital Steps for Search Committees and Congregations*
- Perfect Peace *How to Never Again Doubt Your Salvation*
- Abiding in Christ *Dynamic Daily Prayer, Victory and Intimacy with Christ*
- Sunday School, Small Groups and Kingdom Prayer *The Dawning of a Revival Revolution*

Conferencias en inglés a nivel de área, por Gregory R. Frizzell

Para programar una conferencia u ordenar libros contacte: Dr. Gregory R. Frizzell

Correo electrónico: info@frizzellministries.org

Conferencias de Iglesia y de Toda la Zona

- "Going Deeper With God Weekend"
- Developing Mountain-Moving Prayer and Intimacy with God
- Journey to Holiness, Joy and Power
- Church and Association-wide Revivals and Solemn Assemblies
- Transformed Relationships, Healed Families and United Churches
- Holiness and Power in Christian Leaders
- Developing Powerful Prayer Meetings and Evangelistic Prayer Ministries
- Building Dynamic Marriage and Family Prayer
- Biblical and Historic Patterns of Spiritual Awakening
- Saved, Certain and Transformed

Tabla de contenido

Prólogo i
Introducción iii
   Metas emocionantes para todo creyente vi
   Una palabra especial para pastores y líderes de la iglesia ix
      Una oración por todo lector xi
Cómo prepararse para una jornada que cambiará su vida 1
   Cristo en usted: El cimiento de la victoria 4
   Cómo encontrar a Dios mediante este libro 5
   Una invitación especial de Dios para usted 10
Primera categoría 15
   Pecados de pensamiento 15
Reflexión Personal sobre pecados de pensamiento 25
Segunda categoría 26
   Pecados de actitud 26
Reflexión personal sobre 34
pecados de actitud 34
Tercera Categoría 35
   Pecados del habla 35
Reflexión personal sobre 41
pecados del habla 41
Cuarta categoría 42
   Pecados de relaciones personales 42
Reflexión personal sobre 54
pecados de relaciones personales 54
Quinta Categoría 55
   Pecados de Comisión 55
Reflexión personal sobre 65
pecados de comisión 65
Sexta categoría 66
   Pecados de omisión 66
Reflexión personal sobre 75
pecados de omisión 75
Séptima categoría 76
   Pecados de dominio propio y confianza propia 76
Reflexión personal sobre 85
pecados de dominio propio y confianza propia 85

Conclusión 89
    Cinco pasos prácticos hacia una vida diaria de oración poderosa 90
Información para ordenar materiales 95
Apéndice A 96
    Cómo estar seguro de su salvación 96
    ¿Por qué hay tantos miembros en las iglesias que no son salvados?....... 97
    Razones comunes para las falsas profesiones de fe......................... 99
    Indicadores bíblicos de la salvación..101
    Tres posibles fuentes de duda 103
    Entonces, ¿cómo puedo tener seguridad perfecta? 105
    Ilustración de la estaca..110
    Y ahora, ¿qué hago? 111
Apéndice B 113
Cómo conducir servicios solemnes en la iglesia y en otros énfasis de
avivamiento 113
    Modelo uno...115
    Formato de muestra para un servicio solemne por la noche..............119
    Modelo dos 122
    Formato de muestra para un servicio solemne durante todo el día......123
    Una palabra acerca de la música 127
    Resumen 128
    Modelo tres...128
    Tres estrategias prácticas para períodos de limpieza de cuarenta días ..129
    Modelo cuatro 132
    Pasos prácticos para reuniones bíblicas de avivamiento 133
    Modelo cinco..135
    Conclusión..137
Referencias bibliográficas 140

Prólogo

Si en algún momento en la historia del cristianismo el cuerpo de Cristo ha necesitado purificación, es hoy, en los comienzos del siglo veintiuno. Dios quiere que su iglesia sea una novia gloriosa en su boda que se aproxima: la boda celestial de la iglesia con su grandioso novio, el Señor Jesucristo. Sin embargo hoy la iglesia se caracteriza por su indiferencia, dedicación a medias, e incluso inmoralidad entre sus miembros y líderes; tanto de formas grotescas como también de maneras pequeñas y al parecer indetectables. Necesitamos desesperadamente prestar atención seria a nuestro trabajo para preparar a la iglesia del Señor.

En este libro el Doctor Gregory Frizzell le ha dado a todo creyente y a todo pastor una herramienta para hacer el trabajo más importante de todos: Purificar la iglesia en este tiempo tan crucial de su historia. Si hay algo que he llegado a conocer personalmente del Dr. Frizzell, con el correr de los años, es su incuestionable seriedad de propósito. Eso es lo que este trabajo puede inculcar, y de hecho inculcará, en los que lo lean, y tomarán muy en serio tanto su pureza personal como la de su iglesia local.

Insto a todo pastor que estudie con detenimiento estas siete categorías de pecado, y que conteste personalmente las preguntas que se hacen. También deben pedirle a toda su congregación que adopte este mismo proceso de reexaminación y limpieza. Las iglesias y sus miembros no están llenos del Espíritu Santo porque ignoran los aspectos de pecado que impiden que el Espíritu Santo obre totalmente en la vida de la iglesia y sus miembros. Este libro trata de muchos aspectos del comportamiento de pecado que existe debido a que los creyentes ignoran las tremendas y maravillosas exigencias de nuestro santo Dios. Yo mismo he enseñado por muchos años acerca del quebrantamiento en nuestras vidas a fin de conocer la llenura de Dios en nuestras vidas. Este libro tiene una de las mejores explicaciones acerca del quebrantamiento que he podido encontrar. El quebrantamiento es un concepto raro en los escritos evangélicos actuales, y el Dr. Frizzell presenta una explicación muy completa y eficaz el tema.

Espero que los pastores y líderes denominacionales, y todo creyente, tome en serio el propósito de Dios de santificar a la iglesia, tal como lo presenta Greg Frizzell en esta importante obra. Nosotros, como individuos y como grupo de creyentes, lo necesitamos mucho.

T. W. Hunt

Introducción

"Santidad; ¡la alborada del próximo gran despertamiento espiritual!"

Nunca antes había sentido tan grande entusiasmo, o urgencia, como respecto a la tarea que Dios me dio para que escribiera este libro. Aunque he enseñado este material por muchos años, el impulso de Dios para escribirlo vino de una forma increíblemente inesperada. Tan grande fue la urgencia que sentí, que el borrador de esta obra quedó completo en unos diez días. Como normalmente no soy un escritor veloz, eso manifestó un movimiento inusual de la presencia de Dios en mi vida.

Tiemblo de emoción por la esperanza confiada de un poderoso movimiento de Dios para limpiar a su iglesia. Este libro es precisamente sobre esa esperanza. Es acerca de la esperanza en un poder de limpieza nuevo y dinámico, para todo creyente que está agotado y abatido por el pecado. Es la esperanza para todo creyente espiritual que anhela ver un avivamiento que llene la iglesia. Es la esperanza creciente de que Jesús está a punto de limpiar a su novia para un gran despertamiento final, antes de su gloriosa segunda venida. Sí, a pesar de lo que Satanás está haciendo, todavía nosotros servimos al Dios que puede sacudir a las naciones. ¡Él es el Dios de toda esperanza!

Escribir este libro ha sido una lección de humildad, y transformadora en mi vida. De ninguna manera escribo estas páginas para "sermonear a otros," sino como humilde compañero aprendiz en necesidad constante de limpieza. De hecho, Dios ha convencido y quebrantado profundamente mi propio corazón durante estos días intensos de escribir. Sin embargo, este quebrantamiento profundo ha liberado la presencia de Jesús más allá de cualquiera otra cosa que yo haya conocido. Querido lector: por favor crea que hay esperanza de una grandiosa victoria en su propia vida y en la de su iglesia.

De alguna manera este recurso puede incluso parecer como diferente a mis otros libros sobre la oración, evangelización y despertamiento espiritual. Sin embargo, estoy convencido de que un regreso serio a la santidad es en realidad la médula de toda oración poderosa y de todo despertar espiritual a nivel nacional. Desdichadamente, en la iglesia tan altamente programada de hoy una limpieza espiritual profunda bien sea se ignora por completo, o simplemente se le da un vistazo rápido de manera superficial. Como resultado, el pueblo de Dios en su mayoría no se da cuenta de los pecados sutiles y no confesados que diariamente apagan el pleno poder de Cristo en sus vidas.

Incluso en la mayoría de iniciativas de ministerio meramente se "da por sentado" que los participantes han tenido una limpieza y oración profundas. Al mirar a la sociedad presente eso es una presuposición increíblemente falsa y peligrosa. A decir verdad, muchos creyentes de buen grado confiesan que no están seguros de cómo limpiarse completamente, y de cómo ser llenos del Espíritu de Dios.

Amigos: Si no recalcamos la limpieza completa es muy fácil caer en programas de trabajo febriles, que no tienen el poder del Espíritu Santo. Cuando intentamos así hacer la obra de Dios en nuestras fuerzas, nuestras palabras llegan a la cabeza del hombre, pero no logran penetrar en su corazón. Esta puede ser una gran razón por la cual más de la mitad de los miembros de las iglesias brillan por su ausencia; y un gran número de "convertidos" no da dan señal de arrepentimiento. Un corazón sin limpieza es ciertamente la razón por la cual muchos creyentes batallan con el agotamiento espiritual y la falta del poder del Dios que mueve montañas.

Según Salmo 66:18 e Isaías 59:1-2 la falta de santidad genuina es la razón principal por la cual Dios detiene su poderosa presencia y poder. Aunque hemos presenciado una explosión de cuarenta años de programas y promociones, las estadísticas modernas palidecen en comparación al más pequeño de los Grandes Despertamientos Espirituales del pasado. En verdad, si los métodos y programas pudieran traer un despertamiento espiritual, ¡nuestra generación hubiera tenido, con toda certeza, el avivamiento más grande en la historia del mundo! En lugar de eso, lo que hemos experimentado es el peor colapso moral y la mayor declinación en el número de bautismos en la vida de la nación.

Sin embargo, este libro no se ha escrito en desesperación; sino ¡en el conocimiento glorioso de que Dios está haciendo algo maravilloso! Por muchos años Dios ha levantado consistentemente movimientos poderosos de oración, y muchos líderes de oración ungidos. Recientemente Dios ha bendecido algunas de las herramientas más emocionantes para ganar almas y para hacer misiones, de todos los tiempos, (Evangelización Explosiva, Por fe, Testifique de Cristo sin Temor, La Red, etc.). Es más, números cada vez mayores de creyentes están comenzando a sentir hambre de una limpieza profunda, y de un poder mayor en la oración.

Realmente parece que Dios está preparando el escenario para el elemento final que precederá a un movimiento arrasador de avivamiento y evangelización. ¿Cuál es el elemento clave del avivamiento y el despertar espiritual? *De acuerdo a la Biblia es nada menos que el retorno masivo al arrepentimiento profundo, a la oración ferviente, y a la limpieza profunda delante del Santo Dios* (2 Cr. 7:14). Sin una limpieza espiritual profunda. incluso las estrategias más brillantes carecen de poder para producir un despertamiento espiritual masivo en nuestra nación endurecida por el pecado. Aun las estrategias más elaboradas de oración tendrán muy poco poder si no van acompañadas de un movimiento de profundo arrepentimiento. De acuerdo a la Biblia sólo los corazones limpios tienen el poder de Dios (Os. 10:12; Sal.

66:18; Stg. 5:16). Sin embargo, para la gloria de Dios ¡un cambio glorioso está por llegar!

Más y más santos hoy en día están abrazando excelentes estrategias de oración, de misiones, y de ganar almas. Quizás lo que más anima es el creciente número de personas que están entendiendo que esa limpieza profunda y santidad no es un amenazador término legalista, sino el lenguaje esencial de una relación de amor con nuestro Santo Dios (1 Jn. 3:3; Heb. 12:14). En verdad, la santidad genuina trae un gozo indescriptible y un poder espiritual fenomenal.

Más que todo, la verdadera santidad no es un concepto teológico abstracto; la santidad es una Persona, ¡y se llama Jesús!, y si usted le permite ¡él llenará su corazón con su propia pureza gloriosa y su poder sobrenatural! La santidad genuina no es una introspección morbosa, sino una limpieza bíblica milagrosa que nos convierte en creyentes gozosos, ganadores de almas dinámicos, e intercesores que mueven montañas.

Este libro es una herramienta bíblica concisa para guiar a los individuos e iglesias a la clase de arrepentimiento que Dios exige para el gran avivamiento venidero. Más que todo, *De regreso a la santidad* está diseñado como una jornada de relación personal con Dios, y no como un programa rígido. Antes de comenzar este proceso es importante que los lectores vislumbren de antemano los resultados maravillosos que son consecuencia de un encuentro así con Dios que limpia profundamente. En la sección siguiente describo algunas metas emocionantes para todo creyente.

Metas emocionantes para todo creyente

- Capacitarle para que esté absolutamente seguro de su salvación y aceptación delante de Dios.
- Darle una herramienta práctica y fácil de usar, para experimentar una limpieza espiritual profunda y un crecimiento diario.

- Que usted logre un entendimiento práctico de cómo confesar y vencer el pecado en la vida diaria.
- Que usted experimente una victoria genuina sobre el pecado, sobre sí mismo y sobre Satanás.
- Proveerle de una herramienta bíblica comprehensiva para el discipulado, santidad más profunda y santificación bíblica.
- Que aprenda cómo negarse a sí mismo, y que experimente la llenura diaria del Espíritu Santo.
- Que aprenda a orar bíblicamente en el poder que mueve montañas.
- Que identifique y derribe las fortalezas espirituales.
- Proveerle una herramienta para revolucionar su vida de oración diaria.
- Proveerle una herramienta para usar en grupos de oración y discipulado.

Al considerar estas metas, por favor note que cada una es algo que Dios claramente desea para todos sus hijos. Sin embargo, las encuestas revelan que esa no es la experiencia personal de la mayoría de los creyentes. Es nuestro propósito proveer una herramienta bíblica concisa que trate de todos estos aspectos vitales. En tanto que la mayoría de creyentes no pueden abrirse paso por entre diez libros grandes, muchos sí pueden leer uno que vaya directamente al corazón de todos los elementos esenciales de una limpieza personal y un avivamiento.

De regreso a la santidad está diseñado además como una estrategia bíblica para vencer los problemas de pecado a nivel de iglesia. Las iglesias modernas a menudo luchan con serios niveles de apatía, desunión, inmoralidad y mundanalidad. Queridos lectores creyentes: mientras no tratemos completamente con "el pecado en el campamento," nuestros mejores esfuerzos a menudo se verán como que si tratáramos de curar el cáncer con un vendaje adhesivo. Mientras no lidiemos eficazmente con el pecado oculto, el Espíritu de Dios se mantendrá seriamente apagado en nuestras iglesias.

Sólo la directa y comprehensiva Palabra de Dios puede traer la convicción intensa y el arrepentimiento que libera la fuente limpiadora del Espíritu Santo. Una ventaja enorme de esta herramienta es la capacidad de tratar de muchos pecados que para un pastor sería muy difícil confrontar personalmente. Este recurso también contiene una sección poderosa para traer a muchos de los miembros alejados de la iglesia a una convicción verdadera y salvación. La siguiente sección describe las metas poderosas para una limpieza y renovación de la iglesia.

Metas y estrategias para congregaciones y pastores

- Proveer a los pastores una herramienta bíblica práctica para hacer un impacto profundo para su limpieza espiritual y su relación con Dios.
- Proveer una herramienta bíblica concisa para guiar a la congregación completa hacia una profunda limpieza espiritual.
- Proveer una herramienta poderosa para preparar a la iglesia para las cruzadas de evangelización, reuniones de avivamientos, servicios solemnes, o para adoptar una visión nueva.
- Proveer una estrategia práctica para conducir a los miembros no salvos de la iglesia a una convicción profunda y a la salvación.
- Proveer una herramienta para guiar a los no miembros y a los miembros inactivos a comprometerse y a servir.
- Proveer una herramienta sencilla para profundizar la limpieza diaria y la oración entre los miembros de la iglesia.
- Dar a los jóvenes una herramienta eficaz para la limpieza y el fuerte crecimiento espiritual.

- Dar a los miembros una herramienta eficaz para un discipulado personal que cambie sus vidas, y hacia la santidad y santificación.
- Proveer una herramienta flexible de limpieza espiritual, que cada pastor puede usar de una manera única, para su propia congregación.
- Proveer una ayuda bíblica para la predicación en una variedad amplia de asuntos relativos al avivamiento, disciplina y asuntos morales.

Nuevamente, semejantes metas pueden parecer imposibles; pero debemos recordar el maravilloso poder de la sencilla exposición a las palabras directas de Dios en la Biblia, (que forman la gran mayoría de este libro). A decir verdad, mis palabras no tienen ningún poder, para nada; pero las palabras de Dios ¡tienen todo poder en el cielo y en la tierra!

Virtualmente todos los avivamientos y despertamientos históricos han ocurrido de una sola manera. *El pueblo de Dios fue confrontado con su pecado específico mediante una exposición extensa y clara a una variedad de pasajes bíblicos.* Amigos: nunca olvidemos que el juicio debe comenzar por la casa de Dios (1 P. 4:17). La única manera por la que esto puede ocurrir es mediante una exposición intensa a las palabras directas Palabra de Dios, directamente en puntos específicos de nuestros pecados. Eso es precisamente el diseño único, y el propósito de este recurso.

Una palabra especial para pastores y líderes de la iglesia

Como pastor con muchos años de ministerio comprendo completamente los retos de guiar a una congregación hacia un avivamiento y una limpieza profunda. Comprendo lo fácil que es programar "reuniones de oración" que nunca se convierten en avivamiento. Como pastores y líderes denominacionales hemos adoptado una estrategia tras otra, y en verdad se han visto algunos resultados. Sin embargo, interiormente, anhelamos el poderoso obrar de Dios del que solamente hemos leído. Instintivamente creemos que tan arrasador inundación es ahora la única esperanza para nuestra tierra enferma por el pecado. Pero, a menos que guiemos a nuestras iglesias a lidiar concienzudamente con el pecado, ¡tal avivamiento nunca vendrá!

Después de veinticinco años de estudiar los grandes despertamientos espirituales estoy convencido de que Dios está a punto de contestar el creciente movimiento de oración de millones de creyentes. Estoy convencido de que nos estamos acercando a la fase final, y esencial, de la preparación para un glorioso avivamiento de la iglesia. *Como siempre, esa fase final tiene que ser un regreso más profundo a la confesión, al arrepentimiento y a la santidad genuina.*[1]

De regreso a la santidad se ha preparado para proveer una herramienta comprehensiva de limpieza, que *cualquier* iglesia puede adquirir a bajo costo para todos sus miembros, tanto jóvenes como adultos. A decir verdad, el único poder de este enfoque es exponer simultáneamente a todos sus miembros activos a un proceso bíblico intenso de arrepentimiento personal y colectivo. Debido a que este recurso se ofrece completamente sin fines de lucro, fácilmente lo pueden adquirir grupos grandes. En el Apéndice "B" encontrará una descripción completa de cinco patrones prácticos para guiar a su iglesia en servicios solemnes, reuniones de evangelización, grupos de oración y discipulado, y un aspecto amplio de otros énfasis de limpieza espiritual.

Pastores: una cosa sí es segura. Para que nuestras iglesias tengan alguna esperanza de un verdadero avivamiento: ¡tiene que comenzar con una profunda y nueva santidad en nosotros! A pesar de toda la capacitación y una sofisticada organización, si nosotros estamos en alguna parte de nuestro ministerio ministrando en la fuerza de nuestra propia carne, nunca podremos ver el milagroso poder de Dios obrando por nuestras vidas. Nuestras iglesias nunca podrán ir a donde nosotros no las guiemos mediante ejemplo y experiencia personal. Este recurso está diseñado específicamente para ejercer un profundo efecto en la propia limpieza del pastor delante de Dios.

De regreso a la santidad se puede usar también en servicios solemnes asociacionales o nacionales, y para tiempos de limpieza espiritual. El mismo patrón que se describe en el Apéndice "B" sirve por igual en servicios solemnes nacionales o noches de oración. Mas allá de las preguntas, Dios quiere usar con poder a los líderes de la asociación y nacionales para llamar a miles de iglesias a un arrepentimiento simultáneo, y oración ante el Dios Santo. Para la gloria de Dios, ¡esto está comenzando a suceder!

Una oración por todo lector

Dios ha dado una gloriosa invitación a todos los que escuchen: *"si se humillare mi pueblo, sobre el cual mi nombre es invocado, y oraren, y buscaren mi rostro, y se convirtieren de sus malos caminos; entonces yo oiré desde los cielos, y perdonaré sus pecados, y sanaré su tierra"* (2 Cr. 7:14). Querido lector: Mi oración más ferviente es que usted oiga y responda al deseo de Dios de revolucionar su vida. Por la gracia de Dios, ¡usted puede encontrarse con él mediante la Biblia en esta jornada! Respondamos ahora al llamado y a la promesa urgente de Dios en Oseas 10:12: *"Sembrad para vosotros en justicia, segad para vosotros en misericordia; haced para vosotros barbecho; porque es el tiempo de buscar a Jehová, hasta que venga y os enseñe justicia."*

No hay palabras para expresar la naturaleza urgente de nuestra presente necesidad de un avivamiento y despertamiento espiritual masivo. Los Estados Unidos de América ciertamente están al borde de un juicio catastrófico. Mientras que hay razón para una gran esperanza de un avivamiento venidero, de ninguna manera es "garantizado." De hecho, sin un profundo regreso a la humildad y a la santidad, ninguna cantidad de estrategias y promociones pueden salvar nuestra patria.

Que Dios nos conceda una pasión por la santidad; no solamente para "ser bendecidos"; sino porque le amamos. Queridos santos: en medio de todas las importantes y necesarias estrategias no nos olvidemos de lavar nuestros vestidos. La cosecha se está perdiendo en el campo, y el Novio pudiera estar a la misma puerta. Volvámonos a Dios, en la belleza de su santidad. ¡Él está anhelando y esperando nuestro regreso!

Hacia el próximo Gran Despertamiento,

Dr. Gregory R. Frizzell

Cómo prepararse para su jornada

Cómo descubrir los cimientos de un avivamiento genuino

Cómo prepararse para una jornada que cambiará su vida

A pesar de la decreciente y tambaleante moral moderna, hay señales crecientes de que el Dios Todopoderoso está tocando poderosamente a su pueblo. Un número creciente de creyentes e iglesias están experimentando movimientos milagrosos del Espíritu Santo de Dios. Es más, ¡algunas iglesias están experimentando cosas tan increíbles que solamente Dios puede explicar lo que está pasando!

Pero aun así, usted tal vez se pregunte: "Si Dios es tan poderoso en la obra, ¿por qué yo no estoy experimentando su poderosa presencia y poder? ¿Por qué otras iglesias están experimentando movimientos fenomenales del Espíritu y nosotros no?" La buena noticia es que usted también *puede* experimentar la presencia poderosa y el poder de Dios. ¡Definitivamente Dios quiere moverse en su vida y en su iglesia!

Con todo, hay un requisito clave para experimentar el poder de Dios en usted y en su iglesia; y se encuentra en Isaías 59:1-2: *"He aquí que no se ha acortado la mano de Jehová para salvar, ni se ha agravado su oído para oír; pero vuestras iniquidades han hecho división entre vosotros y vuestro Dios, y vuestros pecados han hecho ocultar de vosotros su rostro para no oír."*

Amigo mío: ¿puede ver el punto crucial? Aunque Dios quiere tocar a su pueblo, los pecados no confesados han interrumpido sus poderosas respuestas a la oración. A fin de poder moverse con poder Dios exige una limpieza profunda y un arrepentimiento en medio de su pueblo. Salmo 66:18 dice esto claro como el cristal: *"Si en mi corazón hubiese yo mirado a la iniquidad, El Señor no me habría escuchado."*

A fin de que nuestra nación evite un juicio inminente bien merecido, los creyentes deben regresar de inmediato al conocimiento de que Dios es infinitamente Santo. ¡Él sencillamente no se manifestará si el pecado no confesado permanece en la vida de sus hijos! Es precisamente por esto que Dios parece estar distante de muchos creyentes. Debido a pecados no confesados las oraciones cruciales se quedan sin respuesta y un sinnúmero de creyentes viven derrotados y sumidos en el dolor. Si usted espera experimentar el poder y la bendición de Dios, la confesión total diaria no es opcional; ¡es absolutamente esencial!

La triste realidad es que muchos creyentes tienen tiempos de confesión que son demasiado esporádicos y superficiales. Debido a que nosotros tendemos a correr en el tiempo de confesión, muchos pecados se han "acumulado" entre nosotros y Dios. Por lo general ni siquiera nos damos cuenta de que hemos apagado al Espíritu Santo en nuestras vidas. Pero no se desespere; mediante los pasajes bíblicos sencillos que se incluyen en este libro usted *puede* aprender a experimentar un nivel de confesión y limpieza que cambiará completamente su vida. Después de todo, ¡la Palabra de Dios nunca volverá vacía!

Gracias a Dios por el número creciente de creyentes que tienen el deseo de purificar sus corazones. *En todos los Estados Unidos hay pastores que han comenzado a guiar a sus congregaciones a adoptar este proceso bíblico de limpieza y arrepentimiento.* Típicamente esto se hace en un período específico que dura entre una semana y cuarenta días. Algunas iglesias les piden a los grupos de capacitación o discipulado que trabajen y oren usando esta guía a la Biblia. Otras iglesias les piden a todos los miembros activos que oren usando este recurso por cuenta propia. Muchas iglesias concluyen el énfasis de limpieza con reuniones de avivamiento a nivel de toda la iglesia, o con un servicio solemne (aunque esto no es exigencia). Este recurso está designado también para que sirva como una herramienta de preparación para los servicios de avivamiento anuales. Independientemente del formato que se use, ¡cuando el pueblo de Dios experimenta un arrepentimiento bíblico completo los resultados son fenomenales! Ya sea que la limpieza sea a nivel de toda la iglesia, en un grupo pequeño o individualmente, usted *tendrá* una asombrosa experiencia de la presencia de Dios (Stg. 4:8).

En Isaías 1:18 nuestro amante Padre Celestial da una invitación gloriosa a toda persona que lee este libro. *"Venid luego, dice Jehová, y estemos a cuenta: si vuestros pecados fueren como la grana, como la nieve serán emblanquecidos; si fueren rojos como el carmesí, vendrán a ser como blanca lana."*

En 1 Juan 1:9, Dios da otra promesa: *"Si confesamos nuestros pecados, él es fiel y justo para perdonar nuestros pecados, y limpiarnos de toda maldad."* Amigo, no hay razón por la cual usted no pueda experimentar el perdón total de Dios, y su limpieza diaria. ¡Una relación victoriosa con Dios *no* está fuera de su alcance!

Sin que importe cuánto haya batallado, ¡usted puede experimentar una limpieza y una llenura milagrosa del Espíritu de Dios! Sin embargo, esto no sucederá con algún tiempo breve y casual de oración. El salmista dice que usted debe estar dispuesto a que Dios **examine** su corazón: *"Examíname, oh Dios, y conoce mi corazón; Pruébame y conoce mis pensamientos; Y ve si hay en mí camino de perversidad, Y guíame en el camino eterno"* (Sal. 139:23-24).

Una limpieza seria requiere que usted regularmente invite a Dios para que examine su vida por completo.En las páginas siguientes usted descubrirá una manera práctica para que *cualquier* creyente pueda experimentar esta limpieza profunda en su propia vida. Si usted sinceramente busca a Dios mediante este proceso sencillo, ¡Él revolucionará totalmente su vida!; pero antes de comenzar su jornada es imperativo que se apropie del fundamento de su victoria sobre el pecado. ¡Ese fundamento no es otro que Jesucristo viviendo en usted!

De regreso a la santidad

Cristo en usted: El cimiento de la victoria

Es de suma importancia entender que Jesús murió no solamente para llevarle al cielo, ¡sino también para morar en usted y darle poder aquí en la tierra! El mismo Dios que habló en Juan 3:16, también habló en Romanos 6:14: *"Porque el pecado no se enseñoreará de vosotros; pues no estáis bajo la ley, sino bajo la gracia."*

Aun así usted se podría preguntar: "Debido a que he batallado tanto, ¿me gustaría saber cómo puedo realmente experimentar la victoria?" En Romanos 6:6 Pablo responde claramente: *"Sabiendo esto, que nuestro viejo hombre fue crucificado juntamente con él, para que el cuerpo del pecado sea destruido, a fin de que no sirvamos más al pecado."* Este pasaje bíblico sencillo es el mismo cimiento de su victoria sobre el pecado.

A decir verdad, los versículos mencionados anteriormente se convierten en su "declaración de independencia" personal sobre el poder y dominio del pecado. Cuando Cristo murió por sus pecados, él no solamente quitó la paga del pecado, sino también el poder del mismo. Por el Espíritu Santo, este mismo Cristo resucitado vive en toda persona que ha sido salvada. La vida cristiana no es tratar de fajarse los pantalones y de alguna manera lograr vivir por él; ¡es aprender a dejar que Cristo viva por medio suyo! Esto lo logramos confiando continuamente en su vida y poder que mora en nosotros.

Gálatas 2:20 describe con detalle la verdad libertadora de Cristo viviendo en nosotros: *"Con Cristo estoy juntamente crucificado, y ya no vivo yo, mas vive Cristo en mí; y lo que ahora vivo en la carne, lo vivo en la fe del Hijo de Dios, el cual me amó y se entregó a sí mismo por mí."*

¿Se da cuenta? Cuando usted recibe a Cristo, todo lo que él logró en la cruz está completamente vivo y activo en usted. Porque usted está "en Cristo," la muerte de Él a la pena y poder del pecado es ahora su propia muerte a la pena y poder del pecado. Jesucristo en toda su victoria *literalmente* mora en usted y puede vivir *por medio de usted* ahora mismo.

Por eso en las páginas siguientes, cuando usted sienta convicción de pecado, no se impaciente; mire directamente a Jesús para vencer al poder del pecado. Así como fue perdonado por la muerte sacrificial de Cristo, también le es dado poder por su vida resucitada obrando en usted. Permita que este proceso de limpieza le dirija directamente al Jesús y a la victoria, y no hacia usted mismo y a la derrota.

Tal vez todavía se pregunte: "¿Cómo voy a hacer esto?" En Colosenses 2:6 encontramos la maravillosa respuesta de Dios. *"Por tanto, de la manera que habéis recibido al Señor Jesucristo, andad en él."* Andamos en Cristo de la misma manera en que lo recibimos. ¿Cómo recibió usted a Jesús? Lo recibió sencillamente por fe. Usted simplemente tomó las palabras de Jesús y confió en que él podía salvarle. Amigo y amiga, exactamente así es como usted anda en victoria sobre usted mismo y el pecado. Cuando enfrente tentaciones y debilidades, simplemente aprópiese del perdón y del poder de Cristo que vive en usted, para vivir en victoria. Usted escoge alejarse del pecado y confiar en Jesús para que viva por medio suyo. ¿Y qué pasa si todavía se siente tentado? Simplemente sigue confiando y resistiendo al pecado. En el tiempo de Dios usted verá una total y completa victoria. ¡Jesucristo no puede fallar!

Cómo encontrar a Dios mediante este libro
Siete puntos clave para recordar

(1) Este recurso está diseñado como una jornada de relación con Dios, no como un programa o fórmula. El libro contiene en gran parte las propias palabras de Dios, tomadas de la Biblia. Al leer y reflexionar en las palabras de Dios, Él le hablará directamente al corazón. Este es un libro para "usar en oración," y *no* meramente leerlo. Cuando ora utilizando este

libro, literalmente estará hablando con Dios, y él con usted. Este proceso no es un programa que usted *hace;* es una relación que usted *cultiva.* No es una actividad que se realiza de una sola vez por todas, sino que es una jornada continua de crecimiento con su amante Padre celestial.

Después de cada pasaje bíblico encontrará preguntas para examinar su vida a la luz de ese pasaje en particular. ¡Es esencial que no pase a la carrera por ese proceso! Al leer cada pasaje bíblico pídale a Dios que le revele qué quiere él cambiar en su vida. Cuando le revele un pecado confiéselo de inmediato y confíe en Cristo para lograr la victoria sobre ese pecado. Sobre todo, no se desanime si descubre que hay muchos aspectos que necesitan cambio. Nuestro crecimiento es un proceso de por vida, y no de una sola vez en la vida. Dios definitivamente le dará la gracia para experimentar la victoria, y él lo acepta en toda la jornada, *con sus luchas y todo.*

(2) Use un cuaderno de oración o un diario mientras lee el libro. A medida que Dios le revele aspectos de pecado anótelos en su diario; sea específico. (Si le preocupa lo confidencial, use abreviaturas que sean claras solamente para usted). Asegúrese de identificar maneras específicas de vencer los patrones de pecado que Dios le revele. Recuerde que no es suficiente solamente confesar su pecado, sino que también debe ser perdonado (Pr. 28:13). Por cada pecado que identifique, busque un versículo que le prometa victoria y fuerza. Es vital que *reemplace* un patrón de pecado con uno que esté específicamente de acuerdo a la voluntad de Dios. Para ayudarle en este proceso use una buena concordancia o, en inglés, el librito: "God's Promises for Your Every Need" ("Promesas de Dios para cada una de sus necesidades"). Al creer en las promesas de Dios usted puede encontrar la victoria de Cristo sobre cualquier pecado.

Cuando experimente tentaciones y batallas, use la Biblia para resistir al enemigo. ¡La Palabra de Dios es la espada del Espíritu, y es poderosa para derribar fortalezas! (2 Co. 10:3-5).

(3) Pídale a Dios específicamente una profunda convicción de pecado y un claro discernimiento espiritual. De acuerdo a Juan 16:3 y 1 Corintios 2:11 solamente Dios puede dar plena convicción y discernimiento espiritual. Según Jeremías 17:9 nosotros no podemos siquiera empezar a conocer nuestros corazones sin la revelación de Dios. Sobre todo, no tome esta jornada como un mero ejercicio mental.

También le animo a que se comprometa con el proceso completo. En otras palabras, en oración recorra *todos* los pasajes bíblicos que se indican. Hoy tenemos la tendencia de evadir un tiempo serio a solas con nuestro Santo Dios. Nos rodeamos de actividades y ruidos, y muchos harían casi cualquier cosa con tal de evadir un encuentro profundo de limpieza con Dios. Sin embargo, ¡estos encuentros centrados en la Biblia son esenciales para el discipulado y la santidad!

(4) Abrace la jornada de limpieza como una relación diaria con Dios, no como una experiencia que se da una sola vez. ¡La limpieza y confesión diaria son la *esencia* de andar en el Espíritu! (Eso no significa que debe leer todo este libro de una sola sentada). Si usted lo está usando como una preparación para una semana en un servicio solemne, entonces trate de cubrir el estudio de este libro en una semana. De todas maneras no se sienta culpable si no lo puede terminar completamente. Deje que Dios lo guíe al paso que Él establezca para usted.

Este recurso bíblico está especialmente diseñado para que lo use en su tiempo devocional *diario*. En su tiempo devocional usted puede ya sea orar y leer un par de versículos, o rápidamente examinar todos los versículos, para ver si Dios le alerta de manera especial en cuanto a algo. Cuando Dios en efecto le convence de pecado, haga una pausa y concéntrese con mayor atención en ese aspecto.

Cuando use este libro como parte de su tiempo devocional, le sugiero que lea y reflexione en dos o tres porciones bíblicas cada día, hasta que haya cubierto todo el material. Luego puede empezar nuevamente desde el principio. De esta manera usted examinará cada aspecto de su vida en ciclos continuos de cuarenta días. ¡Se asombrará al ver cómo cada vez Dios le revelará diferentes cosas siempre que lea este libro!

Le sugiero enfáticamente que use este, (o algo de este recurso bíblico), como guía en su crecimiento y limpieza diarios. Este tipo de limpieza continua es la esencia misma del discipulado, el crecimiento y la santificación. La limpieza de acuerdo a la Biblia y la oración son las vías primordiales por las cuales somos santificados a imagen de Cristo. Mediante este proceso usted experimentará un andar diario de poder y santidad sobrenatural.

(5) *Aborde el proceso de la confesión con gran seguridad de la misericordia y bendición de Dios* (Is. 1:18). No tenga miedo de lo que Dios pueda mostrarle. Sea cual sea el pecado que él le revele, ¡Cristo ya murió por eso! y de todas maneras Dios ya lo sabe. ¡Dios no le hace sentirse culpable para condenarlo, sino para liberarlo! (Jn. 8:36).

Por favor, no tenga miedo de que Dios le pida hacer cosas que usted no puede hacer. Con certeza ¡Dios le dará la gracia para hacer todos los cambios que él le pide! La poderosa bendición de Dios ¡valdrá la pena cualquier cambio que le pida que haga! *Sobre todo no se sienta abrumado o desanimado.* No piense que usted debe de alguna manera llegar a ser "perfecto" de la noche a la mañana. Sin que importe cuántas veces haya fallado en el pasado, Dios le conducirá en una jornada, paso a paso, de renovación y limpieza. Este es un proceso continuo, y la gracia de amor de Dios lo cubrirá en todo el recorrido.

También es importante entender que algunos pecados pueden representar fortalezas espirituales y puede llevar algún tiempo experimentar victoria completa sobre ellos. A veces los creyentes piensan que están haciendo algo equivocado si no sienten una victoria instantánea, con una sola oración y confesión. Recuerde que este es un proceso diario de crecimiento, y no un evento que se da una sola vez. ¡Usted tiene un Padre celestial amante que bondadosamente le guiará por todo el proceso!

(6) *Prepárese para una guerra espiritual* (1 P. 5:8). De acuerdo a la Palabra de Dios su enemigo espiritual es muy real. Usted necesita darse cuenta de que Satanás detesta lo que usted se propone hacer en esta jornada. Él se aterra al pensar que usted pueda limpiarse ante Dios y ser fortalecido por el Espíritu Santo. Él sabe que usted descubrirá entonces el maravilloso poder de la oración y el servicio espiritual. A como dé lugar Satanás luchará para impedir que usted termine su jornada de avivamiento.

Efesios 6:11 menciona las "asechanzas del diablo." Esto significa que él diseña estrategias que le impidan a usted conocer y andar con Dios. Para algunos él buscará usar el horario atiborrado de ellos. En otros usará el desánimo y la culpa. Satanás le dirá: "¿De qué sirve? Eres un fracaso y será mejor que te des por vencido." En otros más él tratará de convencerles de que las garras del pecado son tan fuertes que nunca escaparán de ellas.

Pero nunca olvide, querido lector, que Satanás es un mentiroso y está vencido. En su esencia, la batalla espiritual se reduce a un principio clave: *"Someteos, pues, a Dios; resistid al diablo, y huirá de vosotros"* (Stg. 4:7). En otras palabras, a medida que usted confiesa sus pecados y se somete a Dios puede decirle a Satanás que "huya," en el poderoso nombre de Cristo Jesús. No permita que Satanás lo asuste con

De regreso a la santidad

fanfarronadas para que abandone su jornada de limpieza con Dios.

(7) Pídale a un amigo de confianza que ore por usted en los aspectos que necesita un cambio. Hay un enorme poder cuando dos o más "se ponen de acuerdo" acerca de una petición (Mt. 18:19). Si usted está decidido, puede encontrar victoria sobre cualquier pecado que Dios le revele en su vida. No permita que el orgullo le impida confesar sus necesidades y problemas a otros (Stg. 5:16). Hay un poder extraordinario en un pacto unido de oración y enfáticamente le suplico que encuentre un compañero regular de oración. No importa cuánto batalle, usted *verá* la victoria si confía en Dios y se resiste a darse por vencido (Lc. 18:1).

Una invitación especial de Dios para usted

Jeremías 29:13: *"Y me buscaréis y me hallaréis, porque me buscaréis de **todo** vuestro corazón."*
Santiago 4:8: *"Acercaos a Dios y él **se acercará** a vosotros."*

¿Puede oír la maravillosa invitación de Dios para usted y para su iglesia? Dios está deseando derramar su santa presencia y poder en su vida. Él anhela limpiarlo y librarlo de la esclavitud del pecado. Él desea santificarlo y transformarlo a la plena imagen de Cristo (Ro. 8:29; 1 Ts. 5:23). Si usted en oración (y sinceramente) trabaja con los pasajes bíblicos de este libro, Dios comenzará la obra milagrosa en su vida. ¡Su palabra cumplirá su propósito! Dios le enseñará cómo apropiarse de una limpieza diaria como una manera de vivir y de relacionarse con él.

Sin embargo, no aborde este proceso solamente para "ser bendecido." Hágalo porque Dios es Santo, y merece que usted se rinda por completo a él. Hágalo porque ama a Jesús y quiere complacerlo. Hágalo no por un motivo egoísta, sino con un deseo genuino de alabar a Dios en santidad. Según 1 Juan 3:3 todas las personas salvadas tienen un deseo profundo de purificarse. A decir verdad, no podemos agradar a Dios sin un estilo de vida de profunda santidad. *"Seguid la paz con todos, y la santidad, sin la cual nadie verá al Señor"* (Heb. 12:14).

Este libro procura conducirle a una limpieza completa y una relación correcta con Dios. También está diseñado para ayudarle a *mantenerse* limpio y creciendo en el verdadero discipulado. Pero aun así la limpieza es solamente una parte de una relación dinámica de amor con Jesús. ¡Dios también quiere que sus hijos tengan una vida de oración vibrante y bíblicamente balanceada!

En la conclusión de este recurso le mostraré cómo todo creyente puede entrar en una vida dinámica de oración y relación con Dios. ¡Ningún creyente debe conformarse con una vida mediocre de oración! ¡No olvide que los niños mayores y adolescentes también pueden experimentar la gloriosa realidad de la oración! No podemos esperar menos de nuestra juventud. En muchos casos ellos pueden beneficiarse de este libro quizás más que los adultos.

Muy pronto descubrirá que esta jornada de limpieza es más profunda y comprehensiva que otros recursos similares que tal vez haya usado. *Está diseñada específicamente para llevarlo en un examen completo de todos los aspectos claves de su vida.* La confesión incompleta conduce a una limpieza incompleta. Si usted le permite a Dios hacer una obra diaria profunda, ¡usted experimentará un discipulado transformador!

Querido amigo, Dios está ya esperando encontrarlo en el punto de su palabra limpiadora. Él está listo para perdonarlo por completo y llenarlo de su presencia. En este libro se han arreglado los pasajes bíblicos cuidadosamente para examinar cada categoría de su vida. Al acercarse intencionalmente a Dios usted puede estar seguro de que Dios se acercará a usted (Stg. 4:8). *Pero incluso antes de empezar, deténgase y pídale a Dios*

De regreso a la santidad

que le hable laramente a su corazón. ¡Entre ahora en la presencia de Dios, y sea transformado para siempre!

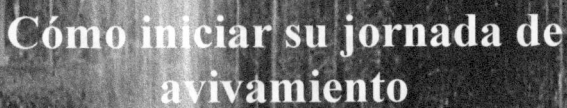

Cómo iniciar su jornada de avivamiento

Las siete categorías de limpieza

Primera categoría
Pecados de pensamiento

Necesitamos empezar nuestra jornada limpiando nuestro corazón y nuestra mente. De acuerdo a la Biblia el pecado *comienza* en el corazón y la mente (Mt. 15:19). Usted nunca conocerá la plenitud de la vida en Cristo mientras sus pensamientos y actitudes no estén bajo el control de Dios.

No es accidente que Satanás frecuentemente apunta a nuestras mentes con pensamientos indebidos y de pecado. El diablo sabe que si logra desarrollar fortalezas en nuestros pensamientos, él fácilmente nos conducirá al pecado y a una separación del poder de Dios. En Proverbios 23:7 Dios revela la importancia enorme de rendir completamente nuestras mentes a Cristo. *"Porque cual es su pensamiento en su corazón, tal es él."* En otras palabras, ¡lo que usted piensa es una parte gigantesca de lo que usted es!

En oración considere los siguientes pasajes bíblicos, y responda a todas las preguntas que siguen. Recuerde, usted solamente puede ser lleno de Dios en la medida en que usted esté dispuesto a vaciarse de sí mismo. Si usted es completamente sincero y completo en su confesión, Dios limpiará y transformará completamente su vida.

Mateo 7:22-23: *"Muchos me dirán en aquel día: Señor, Señor, ¿no profetizamos en tu nombre, y en tu nombre echamos fuera demonios, y en tu nombre hicimos muchos milagros? Y entonces les declararé: Nunca os conocí; apartaos de mí, hacedores de maldad."*
Juan 17:3: *"Y esta es la vida eterna: que te conozcan a ti, el único Dios verdadero, y a Jesucristo, a quien has enviado."*
Romanos 8:16: *"El Espíritu mismo da testimonio a nuestro espíritu, de que somos hijos de Dios."*

De regreso a la santidad

Querido lector: Al comenzar su jornada de limpieza es necesario que comience con la certeza de su salvación. El primer pecado que hay que vencer es la duda acerca de su salvación. En verdad, usted no puede agradar a Dios con semejante duda en su corazón. No puede progresar espiritualmente mientras no esté completamente seguro de su relación con Cristo.

Respecto a este punto, los siguientes pasajes bíblicos revelan tres verdades de enorme pertinencia: (1) Mateo 7:23 dice que en el día del juicio *muchos* que piensan que son salvos descubrirán que no conocen a Dios; (2) Según Juan 17:3 la verdadera salvación consiste en conocer a Cristo en una *relación personal que cambia la vida*. (3) Los que han sido genuinamente salvados tiene una *seguridad* sobrenatural de su salvación (Ro. 8:16).

Trágicamente, en décadas recientes ha sido demasiado fácil que las personas se unan a las iglesias sin haber tenido una experiencia de salvación genuina. En realidad estamos viendo a muchos miembros antiguos de la iglesia llegando a genuina convicción, y encontrando la verdadera salvación.[2] Al presente ¡Dios está haciendo una obra nueva entre los miembros no creyentes de la iglesia!

Si usted tiene alguna duda sobre su salvación, Dios quiere darle absoluta seguridad (1 Jn. 5:13). Él no quiere que usted viva otro día con la duda. Cuando conteste a las siguientes preguntas, por favor sea completamente sincero con usted mismo y con Dios. No conteste como piensa que debería contestar. Pídale a Dios un claro discernimiento mientras considera estas preguntas cruciales.

Preguntas para reflexionar: ¿Tiene usted dudas persistentes acerca de si ha sido salvado o no? ¿Percibe a menudo que Dios le habla a su corazón, o esa idea le parece ajena? ¿Tiene una relación personal con Cristo, o solamente sabe información acerca de él? ¿Puede recordar alguna vez que sintió convicción profunda de estar perdido espiritualmente? ¿Puede recordar cuándo realmente se volvió de sus pecados y personalmente le rindió su vida a Jesús? Cuando hizo su profesión de fe ¿notó un cambio en su vida? ¿Tiene paz absoluta en cuanto a que ha sido perdonado y que va al cielo? ¿Tiene un deseo significativo de leer la Biblia y de orar? ¿Tiene el deseo de ir a la iglesia y estar con el pueblo de Dios? ¿Se le conoce como una persona amable y de amor genuino?

Si usted sinceramente ha contestado que no a algunas de las preguntas mencionadas arriba, es imperativo que se detenga ahora mismo y arregle su relación con Cristo. ¡La buena noticia es que usted puede arreglarla! Dios está dispuesto y puede darle la seguridad que desesperadamente usted necesita. Si todavía tiene alguna duda acerca de su salvación, ¡le insto a que pase a la página 00, y en oración lea todo el Apéndice A ("Cómo estar seguro de su salvación") antes de ir más adelante! Mediante sus promesas claras Dios quiere dirigir a todo lector a una paz y certeza perfectas.

Si contestó que sí a todas las preguntas, entonces prosiga con su jornada de limpieza. Usted puede regocijarse con confianza en cuanto a que la sangre de Cristo lo limpia de toda su maldad. Regocíjese en que su seguridad eterna está en la justicia perfecta de Jesús, y no en su propio actuar imperfecto. Continuemos su jornada examinando otros aspectos claves de pensamiento.

---

2 Corintios 10:5: *"Derribando argumentos y toda altivez que se levanta contra el conocimiento de Dios, y llevando cautivo todo pensamiento a la obediencia a Cristo."*

Preguntas para reflexionar: Cuidadosa y sinceramente reflexione en la clase de pensamientos que ocupan su mente. ¿Está su mente llena de pensamientos de Cristo, o la consumen las cosas terrenales? ¿Piensa más acerca de su trabajo o

De regreso a la santidad

diversión, que en el crecimiento espiritual y su servicio a Cristo? ¿Se llena a menudo de pensamientos sucios? ¿Lo acosan pensamientos de temor y enojo? Anote cualquier patrón de pensamientos de pecado que Dios traiga a su atención. Por cada uno pídale perdón a Dios y confíe en que él renovará su mente (Ro. 12:2). Resuelva llevar cautivos todos los pensamientos a la soberanía de Cristo. ¿Qué pensamientos específicos deben reemplazar a los que son terrenales?

Mateo 5:28: *"Pero yo os digo que cualquiera que mira a una mujer para codiciarla, ya adulteró con ella en su corazón."*

Preguntas para reflexionar: ¿Ocupan su mente con frecuencia pensamientos lujuriosos y sucios? ¿Ve programas o películas que estimulan pensamientos y sentimientos impropios? ¿Está consciente de pensamientos y motivos sucios? ¿Tiene a menudo pensamientos de los cuales se avergonzaría si otros los conocieran? ¿Mira usted de costumbre con ojos de codicia y lujuria a un miembro del sexo opuesto?

Si percibe que Dios le está dando convicción respecto a esto, sea *específico* en su confesión. Decida cómo va a cambiar sus pensamientos para eliminar los patrones de pecado. Sea específico acerca de los pensamientos que necesita cambiar. Es vital que *reemplace* los pensamientos sucios por otros que tengan su mira en Cristo. Memorice pasajes bíblicos clave que le provean de una herramienta poderosa para eliminar los pensamientos incorrectos. Cada vez que surja un pensamiento sucio, usted puede reemplazarlo en oración. Si sigue este proceso ¡usted pronto tendrá una mente renovada! (Ro. 12:2)

Colosenses 3:1-2: *"Si, pues, habéis resucitado con Cristo, buscad las cosas de arriba, donde está Cristo sentado a la diestra de Dios. Poned la mira en las cosas de arriba, no en las de la tierra."*

De acuerdo a Mateo 22:37 Jesús y su servicio deben ocupar el primer lugar en nuestros pensamientos e inclinaciones diarias. Jesús dijo que debemos amarle con todo nuestro corazón, nuestra alma, mente y con todas nuestras fuerzas. Si Cristo es realmente su pasión, su mente estará llena de pensamientos de servicio a él.

Preguntas para reflexionar: ¿Están su devoción y prioridades a menudo girando alrededor de personas y cosas, más que alrededor de Jesús? ¿Tiene más pasión por las cosas terrenales que por las celestiales? ¿Francamente se emociona más por su trabajo, deportes o diversiones, que por el reino de Dios? ¿A qué o a quién dedica la mayoría de sus pensamientos y energías? ¿Es Cristo el centro de sus prioridades o solamente ocupa él un rincón de sus pensamientos y planes? Si muchos de sus pensamientos están indisciplinados y centrados en lo terrenal, confíeselo de inmediato a Dios, y pídale que transforme su mente. Por la gracia de Dios, ¡usted puede cambiar sus devociones y pensamientos! Anote maneras específicas en que va a para fijar sus devociones y pensamientos en Jesús.

Salmo 1:2: *"Sino que en la ley de Jehová está su delicia, Y en su ley medita de día y de noche."*
Salmo 119:15-16: *"En tus mandamientos meditaré; Consideraré tus caminos. Me regocijaré en tus estatutos; No me olvidaré de tus palabras."*

Según estos pasajes bíblicos es la voluntad de Dios que todo creyente sature su mente con versículos bíblicos clave. Pero aun así, llenar su mente con la Biblia no pasa por

De regreso a la santidad

accidente. Usted debe escoger a diario poner la Palabra de Dios en su corazón.

Preguntas para reflexionar: ¿Tiene como hábito leer y estudiar seriamente la palabra de Dios? ¿Medita en versículos clave, o tiene la Palabra de Dios nada más que un pequeño lugar en sus pensamientos? ¿Ha dejado de anotar versículos clave que se apliquen a necesidades específicas de su vida? Llenar su mente con la Biblia exige una decisión constante. Usted no puede amar a Dios sin amar su Palabra. En el buen sentido de la palabra, tratar la Palabra de Dios con negligencia es tratar a Dios con negligencia. Confiese el pecado de no llenar su mente con la Biblia. (Si lee inglés, considere usar el folleto *God's Promises for Every Need*, (*Las promesas de Dios para toda necesidad*). Si usted guarda la Biblia en sus pensamientos diarios, ¡Dios revolucionará su vida! (Jn. 15:7) Haga un pacto personal de aferrarse a un plan de memorización de la Biblia.

Santiago 4:3: *"Pedís, y no recibís, porque pedís mal, para gastar en vuestros deleites."*

Motivaciones inapropiadas son un pecado que frecuentemente se pasa por alto. Es muy probable que sea la causa irreconocible de muchas oraciones no contestadas. A decir verdad, es muy común que las personas traten a Dios como un catálogo para ordenar cosas por correo. Constantemente le estamos dando nuestra lista de pedidos; pero pensamos muy poco en lo que le damos a él. Siempre queremos que él haga cosas por nosotros; pero ni siquiera estamos interesados en obedecerle a él. Muchos oran y adoran a Dios por motivos egoístas. Casi tratamos a Dios como si fuera un "genio mágico" que podemos manipular como queremos.

Preguntas para reflexionar: ¿Es usted culpable de buscar a Dios por lo que él puede hacer por usted, más que por un amor genuino a él? ¿Siente que sus pensamientos están mezclados con deseos egoístas, en lugar de buscar la gloria de Dios? ¿Está consciente del deseo de ser alabado y reconocido en lugar de agradar a Dios? ¿Es renuente a orar que la voluntad de Dios se haga cuando ésta no encaja en sus planes? ¿Decrece su amor y adoración a Dios cuando las cosas no salen como usted había pensado? Cuando se desilusiona ¿se "enfría" con Dios y la iglesia? Si es así, esto revela un nivel significativo de motivos impuros.

Si está convencido de egoísmo, motivos bajos e impuros, de inmediato confiese estos pecados. Pídale a Dios que le conceda una pureza profunda de propósitos para su reino. Pídale que le dé un amor "incondicional" para él y su obra. Si confía en Cristo, el Espíritu Santo llenará su corazón con un amor puro e incondicional a Dios. (Ro. 5:5)

Mateo 15:8-9a: *"Este pueblo de labios me honra; Mas su corazón está lejos de mí. Pues en vano me honran."*
Amós 5:21-22a: *"Aborrecí, abominé vuestras solemnidades, y no me complaceré en vuestras asambleas. Y si me ofreciereis vuestros holocaustos y vuestras ofrendas, no los recibiré."*

El pasaje anterior revela el extremo desagrado de Dios por la adoración no sincera y el ritual vacío. La esencia verdadera de la adoración es humillarnos ante Dios, en entrega y reverencia genuinas. Y sin embargo muchos creyentes han olvidado la indescriptible santidad y majestad de nuestro Creador. Para algunos parece que Dios existe mayormente para complacer nuestros deseos y necesidades. Nos comprometemos seriamente con el pecado y todavía esperamos que Dios le dé valor a nuestras oraciones y reciba nuestra adoración. Parece que muchos han olvidado que hacer su propia voluntad y pecar constantemente es igual a pisotear la preciosa sangre de Jesús (ver Heb. 10:29).

Es todavía más inquietante ver como muchos reciben la cena del Señor sin discernirla. La cena del Señor es un momento de suprema santidad y prueba personal. En 1 Corintios 1:28-30 Pablo incluso indica que la enfermedad y la muerte pueden resultar de la irreverencia al sacrificio de Cristo. Pero todavía muchos se acercan a este momento santo absolutamente sin intención de confesión o arrepentimiento. La verdad es que Dios podría traer un juicio catastrófico que quizás los santos modernos jamás se hayan imaginado.

Otros más consideran el día de reposo como cualquier otro día laboral, para ir de compras o recrearse. Incluso algunos que se consideran creyentes verdaderos se olvidan de santificar el día para el Señor.[3] Nos olvidamos de que una reverencia profunda por el día del Señor es uno de los Diez Mandamientos básicos de Dios. Muchos creyentes modernos se han olvidado casi por completo de una reverencia genuina a Dios. A muchos se les ha olvidado lo mucho que nos hemos alejado de la reverencia bíblica a Dios.

Preguntas para reflexionar: Cuando hablamos de adoración, ¿es su propósito primordial humillarse ante Dios en absoluto arrepentimiento y obediencia? ¿Está su mente llena de temor santo y reverencia hacia Dios? ¿Realmente ama y reverencia a Dios, o solamente busca sus beneficios? ¿Aparta todo el domingo para Dios o solamente le dedica una hora, y luego hace sus propias cosas? ¿Ha participado de la cena del Señor sin examinarse profundamente y sin arrepentimiento personal? ¿Canta los himnos de adoración sin meditar profundamente en la letra? ¿Escucha los sermones sin siquiera pensar en obedecer de inmediato las instrucciones de Dios? ¡La adoración ritualista e hipócrita es uno de los pecados más serios que los creyentes pueden cometer! ¿Necesita confesar una reverencia y adoración superficial a Dios? De inmediato confiese este gravísimo pecado. Confíe en que Dios le concederá un espíritu de reverencia y adoración genuinas.

Hebreos 12:14: *"Seguid la paz con todos, y la santidad, sin la cual nadie verá al Señor."*
1 Juan 3:3: *"Y todo aquel que tiene esta esperanza en él, se purifica a sí mismo, así como él es puro."*

La búsqueda intensa de la santidad debe ser la prioridad predominante de todo creyente. En verdad la búsqueda de la santidad es un *marco mental* espiritual. La palabra griega para "búsqueda" quiere decir un esfuerzo intenso y apasionado. La persona espiritual sentirá una sed abrasadora por experimentar la santidad de Cristo en todo rincón de su ser. La lectura seria y diaria de la Biblia y la oración son los medios por los cuales se busca tal pureza y crecimiento. Amigo: Si usted no se ha concentrado en profundizar su vida de oración y estudio bíblico, entonces usted *no* está buscando la santidad. Buscar la santidad de Dios es una acción diaria, no una teoría teológica.

Preguntas para reflexionar: ¿Está su mente llena de pensamientos sobre cómo experimentar una mayor santidad? ¿Dice a menudo: "quisiera ser más como Jesús," y luego no hace casi nada por buscar la limpieza espiritual? ¿Dedica usted tiempo constantemente para permitirle a Dios que examine todo aspecto de su vida? ¿Es la Palabra de Dios absolutamente vital en este proceso? ¿Hace regularmente una lista de lecturas comprehensivas de la Biblia, destinadas a examinar su corazón por completo? Si no, entonces usted no está buscando seriamente la santidad. En Mateo 6:33 Jesús dijo: *"Mas buscad primeramente el reino de Dios y su justicia, y todas estas cosas os serán añadidas."* ¿Es la santidad su búsqueda mayor? Si no, pídale a Dios que le conceda un corazón con hambre de

De regreso a la santidad

santidad genuina. ¡Esa es una oración que Dios siempre contestará!

Reflexión Personal sobre
pecados de pensamiento

1. Retroceda y revise un pasaje específico mediante el cual Dios lo convenció de algo especial. ¿Qué pensamiento le dijo Dios que cambiara? ¿A cuáles necesita dirigirse primero? Sea preciso y haga una lista enseguida.

2. ¿Cómo afectan estos pensamientos su relación con Dios y con los demás?

3. Pídale a Dios que le dé una promesa bíblica para vencer cada pecado. Haga una lista a continuación.

4. ¿En qué aspectos específicos está preparado para cambiar sus pensamientos? ¿Cuáles pensamientos reemplazarán a esos que son incorrectos? Haga una lista de ellos a continuación.

Segunda categoría
Pecados de actitud

Cuando Dios examina nuestras vidas no solamente ve nuestras vidas visibles, sino específicamente la actitud que hay tras ellas. En verdad muchas veces la manera en que alguien dice algo significa más de lo que realmente quisieron decir. Dios enfoca profundamente la actitud de nuestros corazones. En el verdadero sentido de la palabra, cada quien tiene un actitud (o espíritu) acerca de sí mismo. Pídale a Dios que le abra los ojos para que vea las actitudes internas de su corazón.

Apocalipsis 3:15-16: *"Yo conozco tus obras, que ni eres frío ni caliente. ¡Ojalá fueses frío o caliente! Pero por cuanto eres tibio, y no frío ni caliente, te vomitaré de mi boca."*

Es claro que Dios desea de sus hijos un amor ferviente y apasionado. A decir verdad, la actitud tibia literalmente *le da náuseas* a Dios. Debemos entender que la raíz de todo pecado es una falta de amor ferviente a Cristo. La misma raíz del pecado es el amor y adoración de uno mismo en lugar de a Dios.

Preguntas para reflexionar: ¿Puede realmente catalogar su servicio a Dios como apasionado? ¿Es su servicio a Dios una prioridad ardiente en su vida? En una escala del 1 al 10, ¿cómo calificaría su celo por Cristo? ¿Arde usted por orar? ¿Realmente se emociona profundamente por el estudio bíblico, por dar testimonio y servir a Dios? ¿Hubo un tiempo en el que sirvió a Dios más fervientemente que al presente? Si siente alguna tibieza, sinceramente confiese este pecado a Dios. Solamente el Espíritu Santo puede concederle un corazón que arda apasionadamente de amor por Jesús. Ore con fe para que Dios le dé un corazón que arda de pasión por él. Si usted es sincero, ¡Él lo perdonará, y le dará un corazón nuevo! (Ez. 36:36).

---

1 Pedro 5:5: *"Dios resiste a los soberbios, Y da gracia a los humildes."*
Salmo 51:17: *"Al corazón contrito y humillado no despreciarás tú, oh Dios."*

El orgullo es un pecado sutil que fácilmente se pasa por alto. Quizás la forma peor de orgullo es una actitud de suficiencia espiritual, que ve muy poca necesidad de crecimiento y limpieza en la propia vida de uno mismo. El verdadero avivamiento siempre comienza con una humillación profunda, y con un rompimiento para alejarse del pecado (2 Cr. 7:14).

Preguntas para reflexionar: ¿Piensa usted que es muy espiritual? ¿Critica o juzga a otros frecuentemente? ¿Está tratando constantemente de corregir a otros? ¿Dedica tiempo diariamente para permitirle a Dios que examine profundamente su vida, o cree que no necesita mucha limpieza? ¿Está realmente arrepentido y contrito en cuanto a sus faltas, o piensa: "Bueno, nadie es perfecto"?

¿Tiene realmente hambre de ver una poderosa manifestación Dios, o de alguna manera está conforme? ¿Expresa usted una actitud "santurrona"? Si piensa que ya casi "ha llegado" y casi no necesita crecimiento, usted es culpable de la peor forma de orgullo espiritual. Dios detesta la justificación propia y la suficiencia espiritual. De inmediato confiese y abandone el pecado de orgullo. Crea en Cristo para que le dé espíritu de humildad y un corazón contrito.

Filipenses 2:3-4: *"Nada hagáis por contienda o por vanagloria; antes bien con humildad, estimando cada uno a los demás como superiores a él mismo; no mirando cada uno por lo suyo propio, sino cada cual también por lo de los otros."*

Preguntas para reflexionar: ¿Tiende usted a atraer la atención hacia usted mismo? ¿Generalmente se promueve usted mismo y menosprecia a los demás? ¿Es usted muy competitivo y desea ganar y ocupar el primer puesto a toda costa? ¿Busca siempre ser el centro de atención? ¿Generalmente piensa más en sus propias necesidades y deseos? ¿Tiene una actitud tal que piensa que es mejor y más inteligente que otros? ¿Tiene una necesidad fuera de lo normal de que la gente lo reconozca y lo elogie? ¿Tiende a rodearse de "símbolos de posición" que hacen alarde de riqueza o apariencia?

Dios detesta toda forma de arrogancia y exaltación humana (Pr. 8:13; 1 P. 5:5). Si se da cuenta de la convicción de Dios, confiese de inmediato y apártese de este pecado. Sea preciso y anote los cambios que Dios quiere que haga.

Santiago 2:1, 4: *"Hermanos míos, que vuestra fe en nuestro glorioso Señor Jesucristo sea sin acepción de personas.... ¿no hacéis distinciones entre vosotros mismos, y venís a ser jueces con malos pensamientos?"*

En este pasaje notamos la importancia extrema de repudiar los pecados de perjuicio y parcialidad. Debido a que toda persona tiene un gran valor para Dios, los creyentes nunca deben guardar hostilidad o perjuicio hacia los de diferente raza, diferente apariencia física o distinta posición económica. Es profundamente equivocado tener prejuicio y devaluar a los demás. Trágicamente el prejuicio se presenta en muchas formas sutiles, y es muy común entre los creyentes. Algunos creyentes arrogantemente creen que incluso pueden juzgar las intenciones internas de los demás. En muchos casos estos pecados de prejuicio pasan completamente inadvertidos y no confesados.

Preguntas para reflexionar: ¿Se junta usted solamente con los que considera sus iguales? ¿Tiende a menospreciar a los que tienen menos que usted en lo económico? O por el contrario, ¿se resiente contra los que tienen más dinero que usted? ¿Se asocia estrechamente sólo con los de su raza o cultura? ¿Sospecha de los que son de diferente raza, cultura o trasfondo? ¿Piensa que usted es demasiado hermoso como para ser amigo de alguien que físicamente no es muy atractivo? ¿Tiende a resentirse contra las personas que son más atractivas y talentosas que usted? ¿Ha pensado en alcanzar a otros grupos culturales, o se ha quedado en una zona social cómoda?

¿Se distingue su iglesia de manera especial por alcanzar sólo a cierta clase de gente? Aunque podamos disfrazarlo con razonamientos, necesitamos desechar cualquier tendencia de excluir a ciertos segmentos de la sociedad. ¿Ha puesto un énfasis desusado en alcanzar a los más ricos?

Por razón de equilibrio, permítame decir que se entiende que las personas tengan una asociación más próxima con los que son similares a ellas mismas. Esa afinidad cultural no indica necesariamente un prejuicio. En todo caso, si usted alberga cualquier hostilidad o *conscientemente* evade a otras personas, usted es seguramente culpable de prejuicio y parcialidad. Si usted pocas veces alcanza a otros grupos, usted está en una seria necesidad de arrepentimiento y confesión.

Hebreos 11:6: *"Pero sin fe es imposible agradar a Dios; porque es necesario que el que se acerca a Dios crea que le hay, y que es galardonador de los que le buscan."*

La incredulidad es uno de los pecados más mortales que un creyente puede cometer. Fue la incredulidad lo que les causó la muerte a los hijos de Israel en el desierto. La incredulidad de inmediato hace un cortocircuito en el poder de Dios en la vida del creyente. Debido a la incredulidad muchos creyentes viven en debilidad y derrota. Por la falta de fe las oraciones cruciales quedan sin contestación (Mt. 13:58).

Preguntas para reflexionar: ¿Se llena usted a menudo más de dudas que de fe? ¿Tiende a preocuparse e impacientarse en lugar de confiar en Dios? ¿Está completamente descansando en las promesas de Dios, o frecuentemente se llena de ansiedad? ¿*Excusa* usted el pecado de la incredulidad diciendo que es un preocupado de nacimiento? ¿Justifica su duda diciendo: "Tengo muy buena razón para preocuparme"? ¿Ha permitido que las desilusiones debiliten su fe y su vida de oración? Un patrón de preocupaciones no es solamente una debilidad, sino también un pecado voluntario contra Dios. Dios promete paz perfecta a los que escogen confiar en él, en vez de dejarse llevar por el miedo (Is. 26:3). ¿Necesita confesar su pecado de incredulidad y preocupación? (Tal vez usted necesita hablar con un asesor cristiano o un médico acerca de las raíces de su ansiedad). Sin que importe cuánto tiempo haya dudado, Dios puede darle una fe verdadera y una paz sobrenatural. ¡No se conforme con nada menos que eso!

Efesios 4:2: *"Con toda humildad y mansedumbre, soportándoos con paciencia los unos a los otros en amor."*

La señal primordial de un creyente lleno del Espíritu Santo es un espíritu amable y de amor. La marca primordial de un creyente carnal es una actitud de crítica y enojo. Una señal segura de carnalidad es una actitud impositiva, que exige salirse con la suya.

Preguntas para reflexionar: ¿Tiene un espíritu bondadoso y amable, o le gusta discutir y pelear? ¿Critica con frecuencia y es riguroso con los demás? ¿Es insensible a los sentimientos y necesidades de los demás? ¿Tiende a buscar razones para denigrar a las personas? ¿Se enoja fácilmente y dice lo primero que se le antoja? Un espíritu apacible y afable es de gran estima ante Dios (1 P. 3:4). ¿Piensan los demás que usted tiene un espíritu apacible y afable? ¿Es rápido para destacar las debilidades de otros? ¿Inventa excusas diciendo: No lo puedo evitar; así es mi personalidad? Sea franco en la evaluación de la actitud de su corazón. Pídale perdón y limpieza a Dios. Sea específico en cuanto a las maneras de cambiar su actitud (Especialmente con su familia).

---

1 Corintios 13:4a, 7: *"El amor es sufrido, es benigno; . . . Todo lo sufre, todo lo cree, todo lo espera, todo lo soporta."*
Mateo 5:44: *"Pero yo os digo: Amad a vuestros enemigos, bendecid a los que os maldicen, haced bien a los que os aborrecen, y orad por los que os ultrajan y os persiguen."*

Una actitud perdonadora es una marca primordial de alguien que está bien con Dios. De todas maneras, es muy común que personas muy piadosas todavía posean un espíritu desagradable de crítica. Encontramos fariseos de muchas formas y variedades. Por la falta de amor y perdón los miembros de la familia a menudo construyen barreras en sus propios hogares. Aunque a veces "digamos" que perdonamos, realmente no lo estamos haciendo.

Preguntas para reflexionar: ¿Responde con perdón y amor cuando alguien le hiere? ¿Es su propósito activo hacerle bien a los que le hacen mal? ¿Guarda usted un historial interno de rencores en contra de amigos o parientes? ¿Se enfurruña por la manera en que su cónyuge o alguno de sus hijos le ha desilusionado? ¿Les priva de su amabilidad debido a que "no se la merecen"? ¿Les aplica "la ley del hielo" a sus seres queridos? ¿Se ha hecho el propósito de amar a su familia y amigos con el amor incondicional de Cristo?

Amigo y amiga mía, los aspectos de desilusión son su mayor oportunidad para permitir que Jesús viva por medio de usted. En esos momentos usted experimentará su mayor crecimiento o su peor derrota. Confíe en que Jesús llenará su corazón con el amor puro e incondicional del él por los demás.

---

1 Timoteo 6:6-8: *"Pero gran ganancia es la piedad acompañada de contentamiento; . . . Así que, teniendo sustento y abrigo, estemos contentos con esto."*
1 Juan 2:15-16: *"No améis al mundo, ni las cosas que están en el mundo. Si alguno ama al mundo, el amor del Padre no está en él. Porque todo lo que hay en el mundo, los deseos de la carne, los deseos de los ojos, y la vanagloria de la vida, no proviene del Padre, sino del mundo."*

El materialismo y la mundanalidad están entre los pecados más extendidos (pero no reconocidos) de los creyentes modernos. Muchas veces los creyentes están ciegos al materialismo que sutilmente satura nuestras mismas almas. En lugar de ajustarnos a la norma divina de moderación, las deudas elevadas han venido a ser la norma. Muchos creyentes realmente codician los símbolos mundanales de posición y riquezas. A decir verdad, nuestra abundancia ha venido a ser un gran estorbo espiritual. De hecho nos hemos alejado del mandamiento sencillo de Pablo *"Contentos con lo que tenéis ahora"* (Heb. 13:5)

Preguntas para reflexionar: ¿Da usted el diezmo a regañadientes, pero paga intereses altos a sus acreedores? Cuando hace sus compras, ¿lo hace movido por su codicia, en lugar de buscar la dirección de Dios? ¿Refleja su historia financiera los principios bíblicos de vivir modestamente y con pocas deudas? Sus muchas deudas ¿le han hecho atrasarse en los pagos y así ha dañado su testimonio? ¿Anhela vehementemente adquirir cosas? ¿Estaría dispuesto a vivir con menos a fin de seguir un patrón más centrado en Dios en cuanto a su dinero? Las presiones financieras ponen tensión en muchos matrimonios.[4] ¿Están las muchas deudas poniendo en aprietos su matrimonio?

¿Puede usted realmente decir: "Jesucristo es quien controla mis deseos y finanzas"? ¿Ha orado fervientemente en cuanto a las decisiones financieras, o simplemente se deja llevar por el materialismo del mundo? Hay libros y recursos excelentes que pueden ayudarlo a reducir las deudas y romper con la esclavitud de la codicia. ¡Por favor no ignore la convicción de Dios en este aspecto tan crucial de su vida! Sea preciso en cuanto a los cambios que Dios quiere que haga. Dedique un momento y decida cuales serán los primeros pasos a dar hacia el arrepentimiento financiero.

De regreso a la santidad

Reflexión personal sobre
pecados de actitud

1. Vuelva a repasar los pasajes específicos mediante los cuales Dios le dio una convicción especial. ¿Cuáles actitudes le dijo Dios que cambie? Especialmente, ¿de cuales necesita ocuparse primero? Sea específico y haga una lista a continuación.

2. ¿Cómo afectan estos pecados su relación con Dios y las demás personas?

3. Pídale a Dios que le dé promesas bíblicas que le ayuden a vencer cada pecado. Haga una lista a continuación.

4. ¿De qué maneras específicas está listo para cambiar su actitud? ¿Cuáles actitudes reemplazarán las impropias?

Tercera Categoría
Pecados del habla

Dios le asigna enorme importancia a nuestra habla. En Mateo 12:36 Jesús declara una contundente verdad: *"Mas yo os digo que de toda palabra ociosa que hablen los hombres, de ella darán cuenta en el día del juicio."* La sociedad contemporánea ha tenido una explosión impredecible de un lenguaje soez y sucio.[5] A menudo, sin siquiera darse cuenta, muchos creyentes han participado significativamente en pecados del habla. Pídale a Dios discernimiento mientras en oración examina su vocabulario.

Efesios 4:29: *"Ninguna palabra corrompida salga de vuestra boca."*
Efesios 5:4: *"Ni palabras deshonestas, ni necedades, ni truhanerías, que no convienen, sino antes bien acciones de gracias."*

Preguntas para reflexionar: ¿Dice usted a veces palabras vulgares, crudas e indebidas? ¿Usa usted el nombre de Dios para otra cosa que no sea el alabarle, darle honor y adorarle? ¿Participa en chistes sucios o conversaciones subidas de color? ¿Está la inmundicia de nuestra sociedad invadiendo su habla? ¿Usa palabrotas para añadir énfasis a lo que está diciendo? En Mateo 5:37 Jesús claramente afirmó que el uso de palabras ociosas es indebido e impropio. Con toda franqueza examine su habla, y pídale perdón a Dios. Sea directo en su confesión de su habla indebida. Rinda completamente su habla a la soberanía de Jesucristo.

Colosenses 3:9: *"No mintáis los unos a los otros, habiéndoos despojado del viejo hombre con sus hechos."*

Preguntas para reflexionar: ¿Miente usted a veces? ¿Exagera para quedar bien? ¿Es culpable de alguna forma de engaño? ¿Engaña a personas o instituciones? ¿Cumple fielmente sus promesas, votos y compromisos con Dios y los demás? ¿Es su palabra de peso o de alguna manera no se puede confiar en usted? ¿Frecuentemente no cumple cosas que usted dijo que haría? Si es así, esto revela un problema de integridad. Dios detesta la mentira y la inconsistencia. Haga una confesión completa y renuncie a cualquier modelo de mentira o falta de confianza.

---

1 Corintios 10:10: *"Ni murmuréis, como algunos de ellos murmuraron, y perecieron por el destructor."*
1 Tesalonicenses 5:18: *"Dad gracias en todo, porque esta es la voluntad de Dios para con vosotros en Cristo Jesús."*

Los hijos de Israel constantemente se quejaban de la provisión de Dios. Como resultado perecieron en el desierto. Como creyentes se nos ordena definitivamente que demos gracias en todo y que nos regocijemos (1 Tesalonicenses 5:18). Un estilo de vida de continua alabanza es *esencial* para agradar a Dios.

Es imposible ser un *quejumbroso* y andar en el poder del Espíritu de Dios.

Preguntas para reflexionar: ¿Se aflige y protesta a menudo por situaciones en su vida? ¿Ha dejado de dar gracias en todo y en todo tiempo? ¿Está lleno de una actitud de agradecimiento y alabanza, o murmura y se queja? ¿Se excusa por su murmuración diciendo: "Tengo buena razón para quejarme"?

¿Ve siempre el lado negativo de las cosas? ¿Confía en Dios para tener un gozo sobrenatural, o se entrega a la murmuración y queja?

Una actitud como ésta es un pecado serio y estorba la bendición completa de Dios en su vida. Amigo: si usted está dispuesto a cambiar, ¡Dios le dará un gozo milagroso! (Quizás necesite visitar a un asesor o médico cristiano para asegurarse de que una depresión clínica no es un factor para estas actitudes). Si usted le alaba, Dios promete darle gozo sobrenatural a pesar de circunstancias adversas. Sea específico en cuanto a las maneras en que necesita regocijarse y dar gracias.

Efesios 4:31: *"Quítense de vosotros toda amargura, enojo, ira, gritería y maledicencia, y toda malicia."*

Una tendencia trágica moderna es el número creciente de peleas en la iglesia y divisiones de congregaciones.[6] ¿Cuál es la causa de este flagelo espiritual? La causa más obvia es que los patrones del mundo se han infiltrado en la iglesia. En la sociedad actual la gente está tan lista a pelear, a romper votos, o hasta entablar pleito judicial en un abrir y cerrar de ojos. ¡Dios quiere que nuestras iglesias sean diferentes. Deben ser un lugar de sanidad y transformación, ¡y no un lugar para continuar la pelea! Gracias a Dios que más y más creyentes han comenzado a confesar sus pecados, y a encontrar una victoria gloriosa. Sin lugar a dudas, ¡usted también puede hacerlo! Por favor conteste las siguientes preguntas sinceramente.

Preguntas para reflexionar: ¿Es usted culpable de habla de enojo y crítica? ¿Acostumbra discutir y pelear con los demás? ¿Tiende a ser irritable y testarudo? ¿Es rápido para levantar la voz? ¿Refleja su habla una ira e impaciencia oculta hacia los que le rodean? ¿Les habla en forma descortés a sus familiares?

De regreso a la santidad

¿Es culpable de alguna forma de chisme o difamación? ¿Habla mal de la gente a sus espaldas? Arrepiéntase de inmediato y confiese estos serios pecados de vocabulario y apártese de ellos.

---

1 Corintios 1:10: *"Os ruego, pues, hermanos, por el nombre de nuestro Señor Jesucristo, que habléis todos una misma cosa, y que no haya entre vosotros divisiones, sino que estéis perfectamente unidos en una misma mente y en un mismo parecer."*

En estos días una de las herramientas más eficaces de Satanás es conseguir que los creyentes se peleen y se dividan. A menudo los creyentes discuten por cosas que ni siquiera son importantes. Una señal segura de pecado e inmadurez es un espíritu de división y pelea. Un mandamiento primordial para los creyentes es que "nos amemos unos a otros." Según la Biblia necesitamos poner las necesidades y deseos de los demás antes que los nuestros. Es imposible estar llenos del Espíritu y todavía tener un espíritu de pelea y discusión. Si los creyentes sencillamente anduvieran en el principio del amor, no habría pleitos ni divisiones en la iglesia.

Nada deshonra más a Cristo y complace más a Satanás que los altercados entre los hijos de Dios. Lastimosamente en la peleas de la iglesia hay ciertos individuos que parece que siempre son la raíz de las mismas. Aunque son una minoría pequeña, estos individuos a menudo apagan al Espíritu Santo en toda la iglesia. Son tan rápidos para ver la paja en el ojo de un hermano que virtualmente no ven la viga en su propio ojo (Lc. 6:41-42). Desdichadamente, por lo general son tan ciegos espiritualmente y tan inmaduros, que se convencen a sí mismos de que están "luchando" por una causa noble.

Preguntas para reflexionar: ¿Se le conoce a usted como un pacificador que fortalece la unidad de la iglesia, o generalmente es parte de algún pleito? ¿Actúa como si se creyera con derecho a criticar y ser juez para enderezar a todos los demás? ¿Es rápido para hablar de los defectos de los demás? ¿Aumenta usted la fe de su iglesia con una actitud positiva, o la destroza enfocando las imperfecciones de ella? ¿Está listo a dividir y "tomar partido"? ¿Se inclina a formar parte de las "argollas" en la iglesia? ¿Lo reconocen como quejoso y alguien que se irrita con facilidad? ¿Ha criticado y condenado a los que tienen gustos diferentes en cuanto a la adoración y música?

Tales pecados sutiles de actitud y de habla son generalmente más dañinos para una iglesia que los obvios pecados externos. A la verdad, ¡un miembro negativo de la iglesia a menudo le hace más daño que un alcohólico! ¿Le ha convencido Dios de alguna inclinación a ser pendenciero, divisorio o negativo? *No invente excusas ni justifique su comportamiento.* Si usted es honesto en su confesión y arrepentimiento, Dios transformará totalmente su corazón. Él le dará sabiduría para lidiar con las diferencias sinceras de opinión sin enojarse y sin ser divisivo. Dios también lo dirigirá a pedir perdón a los que usted ha ofendido (Mt. 5:23-24).

---

1 Timoteo 5:17: *"Los ancianos que gobiernan bien, sean tenidos por dignos de doble honor, mayormente los que trabajan en predicar y enseñar."*

Esta generación ha presenciado un aumento escandaloso de predicadores y laicos que han sido despedidos o maltratados por razones nimias (generalmente exageradas).[7] *Ciertamente cuando el líder peca, es preciso tomar medidas apropiadas respecto a él o ella.* Pero hay muchas iglesias que se han olvidado del principio bíblico de respetar y honrar a los que las

De regreso a la santidad

dirigen. En muchas iglesias se entristece al Espíritu Santo porque la congregación ha pecado contra un pastor o algún dirigente de la iglesia.

Cuando las iglesias experimentan genuino avivamiento, por lo general deben pedirles perdón a los pastores o líderes a los que tratado mal. Muchas iglesias tal vez incluso tendrán que pedirle perdón a algún pastor anterior, o a algún líder. (En otros casos, los pastores deben pedirle perdón a la iglesia a la que han hecho daño).

Una inclinación creciente y gloriosa es el número de iglesias que se están reconciliando con otras congregaciones que se dividieron de ellas. Esto no significa que tienen que volver a unirse en una sola, sino que significa que *deben* perdonar por completo las ofensas del pasado. Mientras usted no se reconcilie con las personas con quienes ha peleado en el pasado, ¡no habrá una bendición completa en su iglesia o en su propia vida!

Preguntas para reflexionar: ¿Ha criticado o calumniado a líderes cristianos? ¿Les ha faltado al respeto y estimación a los que han sido llamados a dirigir la iglesia? ¿Socava usted la autoridad de ellos? ¿Se inclina a "despedazarlos" en lugar de apoyarlos consistentemente y orar por ellos? ¿Hay líderes u otros creyentes con los cuales se ha enojado y distanciado? ¿Tiende a difamar y burlarse de otros grupos denominacionales, ministros o líderes que tal vez no concuerdan en todo con usted? ¡Dios *no llenará* su vida mientras usted no confiese y abandone por completo esos pecados!

Reflexión personal sobre
pecados del habla

1. Vuelva a repasar los pasajes específicos mediante los cuales Dios le dio una convicción especial. ¿Qué formas de hablar necesita cambiar? Sea específico y haga una lista a continuación.

2. ¿Cómo afectan esos pecados su relación con Dios y los demás? Sea específico.

3. ¿De cuáles promesas bíblicas se va a apropiar para que le ayuden a vencer cada pecado? Haga una lista a continuación.

4. ¿De qué formas específicas está preparado para cambiar su habla? ¿Qué modelos de habla reemplazarán los modelos de pecado?

Cuarta categoría
Pecados de relaciones personales

Probablemente el aspecto más común en el que perdemos la plenitud de Dios es en nuestras relaciones personales. Los pecados de relaciones personales generalmente caen en cinco aspectos principales. En cada aspecto usted debe estar dispuesto a realizar acciones específicas de arrepentimiento. Por la pura gracia de Dios ¡usted lo puede hacer!

¿Puede pensar en personas a las que haya ofendido o lastimado de alguna manera?

En Mateo 5:23-24 Jesús indica categóricamente la importancia de arreglar cuentas con las personas a quienes se ha ofendido. *"Por tanto, si traes tu ofrenda al altar, y allí te acuerdas de que tu hermano tiene algo contra ti, deja allí tu ofrenda delante del altar, y anda, reconcíliate* **primero** *con tu hermano, y entonces ven y presenta tu ofrenda."*

En otras palabras Cristo estaba diciendo: "¡No te acerques a Dios si primero no te has puesto en paz con los que has ofendido!" Amigo, yo no estoy insinuando que esto sea fácil, pero Cristo dijo que es absolutamente *necesario*. Muchos creyentes no tienen poder porque han decidido ignorar este mandamiento.

Dedique los próximos momentos para considerar a las personas a las que pudo haber ofendido. *Cuando Dios le haya revelado a cuáles personas usted ha ofendido o menospreciado, resuelva ir a verlas y pedirles perdón.* Pero no vaya para tratar de justificarse, o para empezar de nuevo la pelea. Vaya con una humildad sencilla y de genuino amor en Cristo. Además, no piense que ha fracasado si ellos rehúsan perdonarlo. Su responsabilidad es hacer su parte con amor y humildad. La forma en que respondan ellos es responsabilidad de ellos.

Milagros tremendos han ocurrido en familias cuando alguien humilde y voluntariamente pide perdón por un error. Avivamientos a nivel de iglesia se han dado cuando uno o dos miembros se han puesto en paz. *¡Debemos entender que los llamados "pequeñas" divisiones entre creyentes pueden fácilmente apagar al Espíritu de Dios en toda la iglesia!* Amigo: el Espíritu Santo es muy sensible y usted debe tomar muy en serio sus relaciones personales.

¿Está amargado o guardando rencores contra personas que le han ofendido?

En Mateo 6:14-15 Jesús hizo una declaración de enorme importancia. *"Porque si perdonáis a los hombres sus ofensas, os perdonará también a vosotros vuestro Padre celestial; mas si no perdonáis a los hombres sus ofensas, tampoco vuestro Padre os perdonará vuestras ofensas."*

Muchas oraciones no pasan del techo porque usted está guardando resentimiento y amargura en contra de otra persona. De hecho, Jesús dice que debemos perdonar "de todo corazón" a las personas. Mateo 18:35: *"Así también mi Padre celestial hará con vosotros si no perdonáis de todo corazón cada uno a su hermano sus ofensas."* Es muy común para las personas "decir" que han perdonado a alguien, cuando en su corazón no lo han hecho.

Muchas personas guardan rencores secretos contra amigos o familiares, o en contra de extraños que le han hecho daño. Especialmente en estos días los creyentes necesitan estar alertas en cuanto a que es posible guardar rencores contra los políticos que no tienen temor de Dios, activistas sociales y artistas que atacan nuestros valores. No hay duda de que debemos siempre estar firmes en la verdad, pero no debemos albergar odio en contra de los que nos atacan. Nunca debemos dejar de aborrecer el pecado, pero siempre debemos amar al

De regreso a la santidad

pecador. Pídale a Dios que examine su corazón y le revele cualquier patrón de amargura o falta de perdón.

También es posible guardar rencor secreto en contra de Dios. Algunas personas se resienten privadamente por el hecho de que Dios permita alguna tragedia personal, o que no conteste una oración urgente. Otros albergan amargura porque Dios bendice a otros de maneras que a ellos no los ha bendecido. Demasiados creyentes se han enfriado en su servicio y adoración porque están dolidos o desilusionados.

Preguntas para reflexionar: ¿Hay alguien o alguna situación por la cual usted alberga la más mínima amargura o resentimiento? ¿Está secretamente resentido contra Dios porque él ha permitido algunas situaciones dolorosas en su vida? ¿Se ha "enfriado" con Dios porque piensa que él lo ha desilusionado de alguna manera? Sea sincero consigo mismo y confiese estos pecados completamente. Tome una decisión definitiva de no abrigar amargura en contra de nadie. Y recuerde: el perdón es una *decisión,* no un *sentimiento*. Pero si decide perdonar, Dios cambiará sus sentimientos.

¿Está participando en alguna relación personal indebida?

Una relación indebida puede ir desde el adulterio y la fornicación, hasta simplemente tener una amistad indebidamente estrecha con alguien. Por ejemplo, un joven o señorita puede involucrarse emocionalmente con alguien de mucha mayor edad, o viceversa. Un hombre casado puede cultivar amistad demasiado estrecha con alguna amiga o compañera de trabajo. Una mujer casada pudiera estar emocionalmente demasiado cerca de algún amigo o compañero de trabajo. Esposos y esposas pueden estar hablando con otros de cosas que deberían hablar sólo con sus respectivos cónyuges. Los casados pueden estar pasando mucho tiempo con amistades y descuidando a su cónyuge. Los padres también pueden entrometerse demasiado en la vida de sus hijos casados, o los hijos casados pueden estar dependiendo demasiado de sus padres.

Usted puede enredarse con otra persona y aunque dice: "somos solamente amigos," usted sabe que ya es más que una amistad. No trate de racionalizar la situación o defender una relación personal que usted sabe que es indebida. Eso inevitablemente le abre la puerta a Satanás, y lo conduce a una esclavitud más profunda.

*Las relaciones personales indebidas o ilícitas encierran muchas más cosas **además** de la inmoralidad física.* En razón de que es tan fácil racionalizarlo, este pecado ha venido a ser muy común entre los creyentes. Es el terreno de donde el adulterio y la fornicación surgen tan a menudo. Pídale a Dios que le revele cualquier relación que es impropia, y que está fuera de lo debido. Es indispensable que usted la deje de inmediato, antes de que empeore. Sea franco con Dios y consigo mismo. No se desespere, ¡Dios le dará las fuerzas para cambiar!

¿Descuida regularmente el compañerismo y el servicio significativo mediante su iglesia?

Según Hebreos 10:25 es un pecado serio el descuidar el compañerismo regular y la adoración con el cuerpo de Cristo. *"No dejando de congregarnos, como algunos tienen por costumbre, sino exhortándonos; y tanto más, cuanto veis que aquel día se acerca."*

Dios martilla fuertemente la importancia de mantenernos estrechamente conectados a un cuerpo local de creyentes. Según 1 Corintios 12:14 todos los creyentes deben tener un compañerismo genuino y una relación estrecha con una congregación local.

¡Dios no tiene la intención de que seamos "llaneros solitarios" o "ermitaños"! En nuestros días de individualismo

De regreso a la santidad

egoísta muchos prefieren unirse a una iglesia grande para perderse en la multitud.[8] Asisten y reciben bendiciones, pero luego regresan a casa sin haber tenido ningún compañerismo o proximidad real con otros creyentes. (¡Y eso es exactamente lo que quieren!). Este comportamiento es totalmente contrario a la Biblia e inherentemente egoísta.

Hay otros que buscan iglesias "que los bendigan" sin preguntar cómo pueden servir o dar algo a cambio. Muchas personas buscan una iglesia como buscan un gimnasio. ¡Quieren una iglesia con todos los beneficios y al menor costo! Las iglesias en áreas de crecimiento por lo general tienen gente a reventar, mientras tanto que las iglesias en áreas difíciles (donde se necesita tanto el ministerio) a menudo sufren de una gran falta de obreros cristianos.

Hoy parece que muchos quieren sentarse y ser servidos; pero pocos quieren levantarse y servir. Cuando buscamos una iglesia nuestra oración primordial no debe ser: "¿Qué puede hacer esta iglesia por mí?"; sino "¿Qué puedo hacer yo por esta iglesia?" *Es un gran pecado el no participar en un dar consistente, y un servicio mediante un cuerpo local de creyentes.* Obviamente este principio no se aplica a los confinados al hogar ni a los enfermos graves. También hay excepciones en el caso de los que son llamados a ministerios itinerantes (¡Pero aun así, ellos necesitan una iglesia base!).

Otra forma común de este pecado es la tendencia de *andar* de iglesia en iglesia. Esta gente se convierte en *visitantes* permanentes. Haciendo esto, estos creyentes nunca forman un compañerismo profundo con otros creyentes. Evitan la responsabilidad personal y el servicio espiritual para el bien de la iglesia de Cristo. Como resultado nunca crecen espiritualmente, ni están realmente bien con Dios. Desdichadamente Satanás engaña a tales personas para que crean que de alguna manera han cumplido con sus responsabilidades ante el cuerpo de Cristo. Pídale a Dios que examine su vida y le revele maneras en las que usted consistentemente ha descuidado el compañerismo y servicio sustancial en la iglesia local.

Preguntas para reflexionar: ¿Es usted un espectador en lugar de ser un participante en la obra de Dios? ¿Solamente recibe y no da? ¿Se ha convertido en un visitante empedernido, que parece nunca integrarse al servicio de Dios? Amigo, si quiere estar bien con Dios, ¡necesita tener una iglesia y ponerse a trabajar! Resuelva ahora mismo obedecer a Dios en una dedicación completa a una iglesia local.

¿Están sus relaciones familiares de acuerdo con la palabra de Dios?

Las relaciones personales inapropiadas con la familia y la iglesia son circunstancias comunes en las que perdemos la llenura y el poder del Espíritu de Dios. *"Ninguno que esté mal con los demás, puede estar verdaderamente bien con Dios."* Los siguientes pasajes bíblicos revelan la regla de Dios para los esposos, esposas e hijos.

Palabras especiales de Dios para esposos y padres: Efesios 5:23: *"Porque el marido es cabeza de la mujer, así como Cristo es cabeza de la iglesia, la cual es su cuerpo, y él es su Salvador."*

De este versículo aprendemos que Dios llama al esposo a que sea la cabeza espiritual del hogar. Él es responsable de la dirección y nutrición espiritual. Cada esposo y padre tiene una responsabilidad especial ante Dios y ante su familia.

Efesios 5:25: *"Maridos, amad a vuestras mujeres, así como Cristo amó a la iglesia, y se entregó a sí mismo por ella."*

De regreso a la santidad

Al esposo se le ordena que ame a su esposa con amor poderoso y sacrificial. Él literalmente se sacrificará a sí mismo para proveer para las necesidades de su esposa. El esposo se "da a sí mismo" para satisfacer las necesidades físicas, emocionales y espirituales de su esposa. De cualquier manera él necesita poner las necesidades y el bienestar de su esposa antes que los suyos propios.

1 Pedro 3:7: *"Vosotros, maridos, igualmente, vivid con ellas sabiamente, dando honor a la mujer como a vaso más frágil."*

Al esposo se le ordena prestar cuidadosa atención y ser sensible a las necesidades de su esposa. Una actitud insensible y descuidada hacia su esposa inevitablemente estorba su capacidad para orar (1 P. 3:7). Un esposo consagrado literalmente estudiará las necesidades singulares y deseos de su esposa. Esto incluye necesidades físicas, emocionales, mentales, financieras y espirituales.

Efesios 6:4: *"Y vosotros, padres, no provoquéis a ira a vuestros hijos, sino criadlos en disciplina y amonestación del Señor."*

Al padre se le ordena que se relacione con sus hijos de modo de darles dirección de amor y espiritual, no con enojo o ira. La disciplina se debe aplicar consistentemente y en amor. La mayor prioridad del padre es la nutrición y desarrollo espiritual de su familia. La provisión económica es realmente importante; pero la responsabilidad primordial del padre *de ninguna manera* es la provisión financiera.

Preguntas para reflexionar: Esposo, ¿ha asumido usted la responsabilidad de dirigir a su familia en el culto familiar y en la oración? ¿Cultiva usted una atmósfera amorosa de desarrollo y nutrición espiritual? ¿Pone usted las necesidades y deseos de su esposa por encima de los suyos? ¿Estudia para entender y atender las necesidades espirituales únicas de su esposa? ¿Ha usado algunos de excelentes libros y videos disponibles hoy acerca del matrimonio? ¿Está proveyendo dirección financiera sabia y mayordomía para la seguridad de su familia? ¿Está guiando a sus hijos en su crecimiento espiritual? ¿Disciplina a sus hijos con consistencia y amor? ¿Habla con sus hijos regularmente acerca de los valores espirituales? (Un breve devocional a solas nunca puede reemplazar el valor de una conversación consistente con sus hijos acerca de las cosas de la vida diaria).

Esposos, ¡no se desesperen! Si sinceramente confiesan sus faltas, Dios les dará la poderosa gracia para cambiar. Hoy hay muchos libros buenos y otros recursos que pueden ayudarlo. No se desanime, aunque se sienta inútil. Dios bendecirá aun los pequeños pasos para cumplir su responsabilidad espiritual. Esposo, ¡usted puede ver un milagro en su familia!

Palabras especiales de Dios para las esposas: Efesios 5:24, 33: *"Así que, como la iglesia está sujeta a Cristo, así también las casadas lo estén a sus maridos en todo . . . y la mujer respete a su marido."*

La sumisión de la esposa no quiere decir que el esposo puede ser un tirano o mandamás sobre ella. Ambos son compañeros iguales en la gracia de Cristo. En lugar de eso, la sumisión de ella es la sumisión voluntaria y de amor que se ve en Cristo y su iglesia. Así, una esposa devota muestra un espíritu hermoso de humildad, amor y honor hacia su esposo. Ella debe tener un espíritu "afable y apacible."

1 Pedro 3:3-4: *"Vuestro atavío no sea el externo de peinados ostentosos, de adornos de oro o de vestidos lujosos, sino el interno, el del corazón, en el incorruptible ornato de un*

De regreso a la santidad

espíritu afable y apacible, que es de grande estima delante de Dios."

Preguntas para reflexionar: Esposa: ¿alguna vez ha tratado usted a su esposo con deshonor o falta de respeto? ¿Suele usted por lo general recalcar sus faltas y debilidades? ¿Pacientemente lo perdona y lo trata con amabilidad a pesar de sus faltas? ¿Ignora las necesidades y deseos de él? ¿Ha descuidado su propia apariencia y salud? ¿Se rebela contra él? ¿Ha hecho todo lo posible por poner en práctica una actitud de acuerdo al modelo de Dios para usted en la Biblia? ¿Es su actitud de agradecimiento y amor, o de queja y enojo?

La mejor manera para ver a Dios cambiar a su esposo es que *usted* se apegue al modelo de Dios para una esposa consagrada. Esposa, no se dé por vencida en cuanto a su esposo o usted misma. No invente excusas diciendo: "Yo no tengo una personalidad amable y tranquila." Si sinceramente se rinde al ejemplo de Dios, ¡verá milagros en su hogar!

Palabras especiales de Dios para los padres: *Mateo 18:6: "Y cualquiera que haga tropezar a alguno de estos pequeños que creen en mí, mejor le fuera que se le colgase al cuello una piedra de molino de asno, y que se le hundiese en lo profundo del mar."*

En razón de que los hijos son increíblemente perceptivos, por lo general aprenden más de lo que los padres *hacen*, que de lo que *dicen*. Con frecuencia, sin siquiera darse cuenta, los padres están modelando valores y hábitos que tienen trágicos efectos en el desarrollo de sus hijos. Instruir al niño en el camino por donde debe andar es más un ejemplo diario que ocasionalmente decirle unas cuantas palabras religiosas.

Preguntas para reflexionar: Padre, ¿modela usted entusiasmo y gozo en cuanto a adorar a Dios? ¿Expresa usted consistentemente amor por la iglesia de Cristo, o tiene usted una actitud negativa de queja? Si sus hijos están mostrando una actitud negativa hacia a Dios y la iglesia, usted tal vez necesite dar un vistazo serio a las actitudes que usted está modelando ante ellos.

Padres: ¿se comunican entre ustedes amable y consistentemente? ¿Hablan a menudo y consistentemente con sus hijos? ¿Escuchan realmente cuando sus hijos les hablan? ¿Responden con amor y comprensión, o se enojan fácilmente? Si sus hijos se están alejando de ustedes, pídanle a Dios que les muestre si de alguna manera ustedes lo están causando.

Padres: ¿son ustedes ejemplo de moral y pureza en su habla? ¿Han demostrado santidad en las cosas que ven o leen? ¿Están consistentemente recordándoles a sus hijos las normas de Dios acerca del sexo y el matrimonio? ¿Se comunican con ellos en forma que demuestre entendimiento en cuanto a las tentaciones y dificultades que ellos enfrentan? ¿Se muestran accesibles y cariñosos? Si sus hijos se están inclinando hacia la inmoralidad, pídale a Dios que les muestre maneras en que ustedes deberían examinar el ejemplo que están dando. Si ellos no hablan con ustedes, pídanle a Dios que les ayude a comprender si ustedes han contribuido a esta barrera.

Padres: ¿modelan ustedes consistentemente sinceridad y respeto hacia los demás? ¿Violan los límites de velocidad o mienten en su declaración de impuestos? ¿Han demostrado la capacidad de admitir sus faltas y pecados tal como son? Si sus hijos se están inclinando a hacer trampas o a mentir, ustedes deben seriamente examinar el ejemplo que están dando.

Padres: de ninguna manera estoy sugiriendo que los problemas de los hijos son automáticamente el resultado de los errores de los padres. Es más, Satanás a menudo acumula culpa falsa sobre los padres. Sin embargo, como padres debemos enfrentar el asombroso poder de nuestro ejemplo. Quiera Dios darnos la franqueza para confesar las maneras en que les hemos hecho daño a nuestros hijos con nuestras actitudes y con nuestro ejemplo.

En muchos casos los padres necesitan pedirles perdón a sus hijos, (aunque los hijos sean mayores o adultos). Dicha franqueza de amor ejercerá un efecto enorme de sanidad para restablecer la relación entre padres e hijos. Algunas de las preguntas anteriores se citan con permiso de "A Christian Parent's Checklist" ("Una lista de verificación para padres creyentes") por Shelia Jones (e-mail: SjonesAZ@aol.com).

Palabras especiales de Dios para los hijos y adolescentes:
Efesios 6:1-3: *"Hijos, obedeced en el Señor a vuestros padres, porque esto es justo. Honra a tu padre y a tu madre, que es el primer mandamiento con promesa; para que te vaya bien, y seas de larga vida sobre la tierra."*

La ley del Antiguo Testamento pronunciaba un castigo severo para los hijos que maldecían o deshonraban a sus padres. Los hijos modernos deben aprender la extrema importancia de honrar a sus padres. La sociedad desorientada y perversa de hoy ha trastornado completamente el principio de honrar a nuestros padres.

Preguntas para reflexionar: Hijos o adolescentes: ¿desobedecen ustedes a sus padres? ¿A menudo tratan de ignorar la dirección que les han? ¿Han tratado a sus padres con ira y falta de respeto? La falta de respeto a los padres es un pecado muy serio ante Dios. Queridos adolescentes: ustedes no pueden estar bien con Dios si consistentemente les faltan el respeto a sus padres.

Como adultos también debemos preguntarnos si estamos honrando a nuestros padres ancianos. ¿Nos olvidamos de visitar y llamar a nuestros padres ancianos? ¿Somos negligentes con nuestros padres al no darles consistentemente tiempo y atención? ¿Los hemos descuidado financiera y emocionalmente? ¿Hemos dejado de ayudarles con las tareas del hogar? ¿Hay palabras o sentimientos ásperos sin resolver entre nosotros y nuestros padres? ¿Hemos buscado realmente resolver la situación? Recuerde, ¡ninguno que trata mal o descuida a sus padres puede estar verdaderamente bien con Dios!

De regreso a la santidad

Reflexión personal sobre
pecados de relaciones personales

1. Vuelva a repasar los pasajes específicos mediante los cuales Dios le dio una convicción especial. ¿Qué relaciones personales necesita cambiar? ¿Qué cambios está usted preparado para hacer? Haga una lista de necesidades específicas a continuación.

2. ¿Cómo afectan los pecados de relaciones personales su andar con Dios? ¿Cómo afectan a su familia? ¿A su iglesia? Sea específico.

3. ¿De cuáles versículos se puede apropiar para encontrar la victoria de Dios? Haga una lista a continuación.

4. ¿Qué cambios específicos está preparado para hacer en sus relaciones personales? Haga a continuación una lista de los primeros pasos.

Quinta Categoría
Pecados de Comisión

Transgresión es cualquier acto que viola las leyes de Dios, o hacer algo que Dios prohíbe. Estos pecados también se conocen como "pecados de comisión." Los siguientes pasajes bíblicos describen aspectos comunes de transgresión. Considere cada de ellos en oración.

Efesios 5:5: *"Porque sabéis esto, que ningún fornicario, o inmundo, o avaro, que es idólatra, tiene herencia en el reino de Cristo y de Dios."*
Efesios 5:12: *"Porque vergonzoso es aun hablar de lo que ellos hacen en secreto."*

Preguntas para reflexionar: ¿Ha cometido alguna forma de inmoralidad sexual, inmundicia o perversión? ¿Alguna vez ve programas de televisión o películas que contienen inmoralidad y violencia? ¿Inventa excusas diciendo: "no hay nada más que ver"? ¿Se viste de manera provocativa para despertar la lujuria del sexo opuesto? ¿Tiene el hábito de leer cosas que tienen doble sentido o son moralmente sucias? ¿Ve los programas sucios de opiniones por televisión que por lo general toman a broma la inmoralidad y perversión? ¿Promueve el veneno de Hollywood al ir a ver sus películas de dudosa reputación y al comprar sus videos?

De acuerdo a la Palabra de Dios nadie que haga estas cosas estar verdaderamente bien con Dios. Nuestra sociedad está completamente depravada y muchos creyentes se han acomodado para aceptar la pura inmundicia como "diversión." Dios es infinitamente santo. Si usted conoce su glorioso poder y bendición *debe* rechazar las películas, revistas y diversiones de pecado. Necesitamos comprender que mucha de la programación de hora pico se hubiera considerado como

De regreso a la santidad

prohibida hace apenas pocos años. Sin embargo, ¡las normas de Dios no han cambiado en nada! (y tampoco deberían cambiar las nuestras).

---

1 Corintios 3:16-17: *"¿No sabéis que sois templo de Dios, y que el Espíritu de Dios mora en vosotros? Si alguno destruyere el templo de Dios, Dios le destruirá a él; porque el templo de Dios, el cual sois vosotros, santo es."*

Nuestro cuerpo es el templo del Espíritu Santo, y debe ser espiritualmente santo y estar físicamente en forma para que Dios pueda usarlo en su reino. Debemos ejercer dominio propio sobre los apetitos de la carne. De muchas formas el comer demasiado y seguir una dieta insalubre son tan pecados como fumar y beber licores. Necesitamos evitar especialmente toda forma de inmoralidad sexual. Si Dios le ha convencido de culpabilidad, confiese este pecado, y no trate de racionalizarlo o disculparlo.

Dios bendecirá grandemente sus esfuerzos de darle a él un instrumento saludable y santo, adecuado a los propósitos santos de él. *(El ayuno dirigido por Dios es claramente bíblico, y muy útil como disciplina espiritual).* A muchos creyentes el ayuno regular les ayudará también a romper el apretón del pecado de comer demasiado. Cuando obedecemos las leyes espirituales y físicas de Dios nos ahorramos muchos problemas espirituales, emocionales y físicos que causan dolor a muchos.

Preguntas para reflexionar: ¿Ha pecado contra su cuerpo con alguna inmoralidad o exceso de algo? ¿Peca en contra del templo de Dios teniendo hábitos dañinos, como el licor, fumar o comer demasiado? ¿Es alguna forma de abuso de drogas parte de su vida? ¿Ha estado tan esclavizado a la comida que el ayuno es algo para lo cual buscado excusas a fin de evadirlo?

Éxodo 20:2-3: *"Yo soy Jehová tu Dios, . . . no tendrás dioses ajenos delante de mí."*
Mateo 6:24: *"Ninguno puede servir a dos señores; porque o aborrecerá al uno y amará al otro, o estimará al uno y menospreciará al otro. No podéis servir a Dios y a las riquezas."*

Aunque en países como los Estados Unidos de América la mayoría de personas no se inclinan ante una imagen tallada, comúnmente cometemos el pecado de idolatría. (Un ídolo es *cualquier cosa* que ponemos por encima de Dios y el servicio a él).

Preguntas para reflexionar: ¿Ha quebrantado usted el primer mandamiento de Dios poniendo otras cosas por encima de Dios? ¿Ha permitido que otras cosas o personas desplacen su alabanza y servicio a Dios? ¿Alaba y sirve a Dios solamente después de hacer primero todo lo demás? ¿Se han convertido su trabajo y su ganancia financiera realmente en su dios? ¿Ha dado su voto por políticos que promueven principios paganos, solamente porque pertenecen a su partido político? Si es así, definitivamente usted ha puesto la política humana por encima de de Dios y su Palabra. Tal práctica equivale a clara idolatría.

¿Pasa mucho más tiempo en la Internet o mirando televisión que leyendo la Biblia y en oración? ¿Ha puesto a su familia en primer lugar antes que a Dios? *(La mejor manera de perder una familia es ponerla antes que a Dios).* ¿Toman las diversiones o algún pasatiempo precedencia por sobre el servicio a Dios? Si todos los creyentes siguieran su ejemplo de servicio: ¿sería realmente fuerte el ministerio de su iglesia? ¿Habría servicios el domingo y el miércoles por la noche, si todos asistieran como usted asiste? ¿Habría un ministerio de alcance y oración? ¿Quién o qué ocupa *realmente* el primer

De regreso a la santidad

lugar en su vida? Confiese y apártese de las maneras en las que ha permitido que otras cosas hayan ocupado el lugar de Dios. Crea que Dios le dará un corazón genuino de adoración.

Malaquías 3:8-10: *"¿Robará el hombre a Dios? Pues vosotros me habéis robado. Y dijisteis: ¿En qué te hemos robado? En vuestros diezmos y ofrendas. Malditos sois con maldición, porque vosotros, la nación toda, me habéis robado. Traed todos los diezmos al alfolí y haya alimento en mi casa; y probadme ahora en esto, dice Jehová de los ejércitos, si no os abriré las ventanas de los cielos, y derramaré sobre vosotros bendición hasta que sobreabunde."*

Dios ha ordenado a *todos* sus hijos que den los diezmos y las ofrendas. Cuando no lo hacemos es robo e idolatría espiritual. Por causa de esta escandalosa desobediencia financiera muchos creyentes no están llenos del Espíritu Santo, y así abdican de muchas de las bendiciones de Dios. Cuando rehusamos dar el diezmo estamos poniendo el dinero y las cosas por encima de Dios. No dar el diezmo es nada menos que un vulgar robo a Dios, quién lo ha dado todo por nosotros.

Es perturbador que muchos no lo piensan dos veces para darle el quince por ciento de propina al mesero, pero piensan que el diez por ciento es mucho para el Dador de toda vida. (¿Qué refleja esto acerca de nuestras prioridades?). La mayoría no se atrevería a defraudar al IRS (Servicio de Rentas Internas), pero no se detienen a pensar en defraudar a Dios cada semana, en su propia casa de adoración. (¿Qué dice esto acerca de nuestro temor y reverencia a Dios?).

Preguntas para reflexionar: ¿Ha sido sincero al darle a Dios su diezmo entero de su tiempo y talentos? ¿Ha sido honesto al calcular su diezmo, o ha estado diezmando de las sobras en lugar de los primeros frutos de su salario? (¿Le da a Dios lo que le sobra después de haber pagado todos los demás?).

Jesucristo no puede ser Señor de su vida si él no es Señor de sus finanzas. ¿Ha calculado el diezmo hasta del último centavo; pero está siendo tacaño en cuanto a cualquiera otra ofrenda por encima del diezmo? ¿Estaría dispuesto a dar más del diezmo si el Señor le dirigiera a hacerlo? Después de todo, el diez por ciento es lo mínimo que Dios *exige*. ¿Cómo es que nosotros no estamos gozosos dando más que el mínimo?

Los creyentes llenos del Espíritu dan generosa y sacrificadamente, y con alegría. Los creyentes carnales ponen las cosas materiales y el dinero por encima de Dios. Si usted siente la convicción de Dios en cuanto a finanzas, obedézcale ahora mismo. Amigo, ¡pronto descubrirá que no puede dar más que Dios! Él le dará mucho más abundantemente de lo que usted jamás le puede dar a él (Lc. 6.38).

Proverbios 13:11: *"Las riquezas de vanidad disminuirán; Pero el que recoge con mano laboriosa las aumenta."*

La palabra de Dios les da a los creyentes principios claros en cuanto al uso del dinero. En Proverbios leemos que Dios honra el trabajo duro y el ahorro consistente. Los creyentes deben trabajar honradamente y hacer inversiones sabias y firmes. En términos sencillos, esto significa que ¡las apuestas son totalmente contrarias a la voluntad de Dios! Necesitamos confiar en Dios y no en la suerte. Las apuestas y juegos de azar, y los planes para enriquecerse rápidamente son exactamente opuestos a las leyes de Dios en cuanto a las finanzas.

Los Estados Unidos están atravesando una explosión sin precedentes en cuanto a las apuestas.[9] Mediante la tecnología la sociedad está saturándose cada vez más con nuevas formas de esta enfermedad espiritual. En forma cada vez más creciente algunos políticos están listos a poner el dinero por encima de lo que es bíblico y correcto. Subraye bien esto: ¡ningún creyente debe tener nada que ver con las apuestas y juegos de azar!

Preguntas para reflexionar: Si las apuestas son una inversión personal tan buena, ¿cómo es que los casinos se están enriqueciendo? Si las apuestas y juegos de azar son una práctica saludable, ¿por qué incontables miles de personas se vuelven adictos a ellos? Si las apuestas y juegos de azar son buenos, ¿por qué la bancarrota estalla en las ciudades donde se establecen los juegos de azar?[10] ¿Se ha dejado engañar usted para pensar que las apuestas y el juego de azar son una actividad recreativa que no le hace daño a nadie? Recuerde, amigo, que su dinero no es suyo, sino de Dios. Si usted ha participado en alguna forma de apuestas o juego al azar, confiéselo de inmediato y apártese de esta mala manera de usar el dinero de Dios.

Levítico 19:31: *"No os volváis a los encantadores ni a los adivinos; no los consultéis, contaminándoos con ellos. Yo Jehová vuestro Dios."*

La Biblia no deja duda alguna en cuanto a que Dios aborrece el uso de brujería, astrología o espiritismo (psíquicos) y médiums. Sin embargo, en la actualidad hemos visto una explosión en todo el mundo de estas maldades.[11] En años recientes el mundo ha presenciado un aumento sin precedentes de astrólogos y médiums síquicos. Mucha de esta actividad se realiza bajo el término general de "Nueva Era." Se llama *nueva,* pero no hay nada de nuevo en ella. Se trata simplemente de las prácticas antiguas del ocultismo.[12]

Trágicamente algunos creyentes han comenzado a travesear en lo que consideran diversión inofensiva de mejoramiento personal. La "Nueva Era" promueve la deificación del hombre; y muchos de los libros de auto ayuda contienen un cantidad significativa de elementos de dicha filosofía. Para el creyente tales prácticas no son nada menos que adulterio espiritual.

Cuando consultamos a las estrellas o a los síquicos para que nos guíen, estamos rechazando la dirección de Dios, y abriéndonos a la influencia directa de Satanás. Dios ha dado un modelo bien claro para recibir su dirección. Este modelo es buscar el rostro de Dios mediante el estudio bíblico personal y la oración. En otras palabras, ¡ningún creyente debe de tener *nada* que ver con la astrología, cristales, síquicos o cualquier otra forma de la práctica de la Nueva Era! (Padres: debemos también cuidar a nuestros hijos en cuanto a las caricaturas que hoy están repletas de ocultismo e influencia de la Nueva Era).

Preguntas para reflexionar: ¿Suele usted consultar los horóscopos, síquicos u otra forma de guía ocultista? ¿Le ha permitido a la filosofía de la Nueva Era penetrar en su mente, al leer libros de auto ayuda que exaltan al ser humano en lugar de a Cristo? ¿Lee usted material que promueve la exaltación propia en vez de humildemente rendirse a Jesucristo? ¿Tiene libros usted en su casa que promueven la filosofía humanística o de la nueva era? ¿Permite a sus hijos ver programas que promueven las ideas de la Nueva Era?

Si Dios le convence en cuanto a algún aspecto del ocultismo, participación en el movimiento de la Nueva Era o filosofía humanística, confiese y renuncie a estos serios pecados. Dé pasos específicos para sacar de su hogar y de su corazón estas influencias. Hacer menos que esto es abrir la puerta a los ataques satánicos contra toda su familia.

Apocalipsis 2:14-15: *"Pero tengo unas pocas cosas contra ti: que tienes ahí a los que retienen la doctrina de Balaam, que enseñaba a Balac a poner tropiezo ante los hijos de Israel, a comer de cosas sacrificadas a los ídolos, y a cometer fornicación. Y también tienes a los que retienen la doctrina de los nicolaítas, la que yo aborrezco."*

El contexto de este pasaje es el de creyentes que *hacen acomodos* en sus creencias. En nuestra sociedad cada vez más impía, tanto iglesias como creyentes enfrentan una presión creciente para hacer acomodos con el mal. (Y tristemente muchos están cediendo). Para guardar la "corrección política" muchas iglesias y creyentes han aceptado estilos de vida que la Biblia enfáticamente llama perversidad. El Espíritu de Dios jamás tendrá libertad para hacer su obra en creyentes o iglesias que se avienen a hacer acomodos respecto a la verdad de Dios.

En la Biblia Dios indica muy claramente los estándares del bien y del mal. Hacer acomodos con la verdad de Dios significa que usted pone las opiniones de los hombres por sobre las de Dios. Eso demuestra que usted le teme más al hombre que a Dios. En esencia, hacer acomodos es solamente otra forma de idolatría espiritual. *Especialmente en los días venideros los creyentes se verán expuestos a severas pruebas de parte de una sociedad cada vez más perversa.* Sin embargo, esta misma prueba puede en realidad ser una de las mejores cosas que nos podrían suceder. Nunca deberíamos orar por avivamientos solo para evitar sufrimientos. Nuestra gran meta debe ser la santidad, y no una felicidad temporal.

Preguntas para reflexionar: ¿Está listo para defender la verdad de Dios cueste lo que cueste? ¿Procura usted racionalizar y dar excusas para rechazar las normas bíblicas? Cuando sube la presión, ¿ignora la Biblia y sigue la corriente? Si Dios le da convicción de acomodos, por favor no dé más excusas. Confiese el pecado por completo y créale a Dios, que él le dará un poder sobrenatural para mantenerse firme. ¡Hay una increíble recompensa para todos los que son perseguidos por causa de la justicia! (Mt. 5:12). Recuerde que usted nunca

Cómo iniciar su jornada de avivamiento

puede perder si se mantiene firme por Cristo; y usted nunca puede ganar cuando se hace al lado de la multitud sin Dios.

Romanos 14:23: *"Pero el que duda sobre lo que come, es condenado, porque no lo hace con fe; y todo lo que no proviene de fe, es pecado."*

Este pasaje contiene un principio espiritual que muy a menudo se ignora. Aunque nosotros ya no tenemos que lidiar con cuestiones de carne sacrificada a los ídolos, todavía enfrentamos muchas cosas que pueden perturbar nuestra conciencia. De acuerdo a la Biblia si usted hace algo sin tener una convicción firme de que eso es la voluntad perfecta de Dios, usted está cometiendo pecado. Otra manera de decirlo es: "Si usted participa en algo respecto a lo cual tiene una persistente falta de paz, usted está pecando." En verdad una frase decisiva en el gran avivamiento galés fue, "Hermano o hermana: ¿hay alguna *controversia* entre ti y Dios?

Frecuentemente racionalizamos y procuramos convencernos nosotros mismos de que todo anda bien en cuanto a Dios. Pero si usted no siente paz en lo más profundo de su corazón, ¡usted sabe que no es así! Amigo, si ignora la voz apacible y delicada de Dios, usted no puede andar en la plenitud de su Espíritu. Cuando usted resiste al Espíritu de Dios, entroniza su carne y su ego, y empieza a actuar en sus propias fuerzas humanas, en lugar de en el poder sobrenatural de Cristo. *Por esto precisamente muchos creyentes están espiritualmente agotados y les falta un gozo vibrante.* ¡No importa cuánto se esfuerce, usted simplemente no puede vivir una vida cristiana victoriosa en el poder de la carne! (Ro. 7:18).

Preguntas para reflexionar: ¿Hay algo en su vida acerca de lo cual constantemente está tratando de convencerse de que

De regreso a la santidad

está bien? ¿Hay algo respecto a lo cual no tiene paz, pero que todavía no ha hecho ningún cambio?

¿Le falta paz perfecta en cuanto al tiempo y energía que le está dando al trabajo o a la diversión? ¿A los negocios? ¿A la apariencia personal? ¿A las opiniones de los demás? Aunque estas cosas no son técnicamente malas, el nivel de énfasis que se les da puede ser equivocado.

¿De qué lo está persuadiendo Dios en este momento? ¡Usted lo sabe perfectamente en su corazón! Dígaselo a Dios sin reservas, y deje de tratar de racionalizar para alejar la voz de Dios. Por favor, deje de tratar de convencerse de que algo está bien, cuando usted sabe que no es así. Tome su cruz y niéguese a sí mismo. Mientras no lo haga, no podrá conocer la plena bendición de Dios. Pero cuando lo haga, ¡descubrirá una libertad y victoria que nunca soñó que fuera posible!

Reflexión personal sobre
pecados de comisión

1. Vuelva a repasar los pasajes específicos mediante los cuales Dios le dio una convicción especial. ¿Qué acciones o hábitos necesita cambiar? Sea específico y haga una lista de ellos a continuación.

2. ¿Cómo afectan estos pecados su relación con Dios y con los demás?

3. ¿Qué promesas bíblicas puede usar para cambiar el patrón de pecado?

4. ¿En qué aspectos está preparado para cambiar su comportamiento? ¿Cuáles patrones específicos reemplazarán los que errados?

Sexta categoría
Pecados de omisión

Un pecado que a menudo se ignora es el pecado de omisión. Santiago 4:17 habla de esto: *"Y al que sabe hacer lo bueno, y no lo hace, le es pecado."* Considere en oración los siguientes pecados de omisión.

Juan 15:4-5: *"Permaneced en mí, y yo en vosotros. Como el pámpano no puede llevar fruto por sí mismo, si no permanece en la vid, así tampoco vosotros, si no permanecéis en mí. Yo soy la vid, vosotros los pámpanos; el que permanece en mí, y yo en él, éste lleva mucho fruto; porque separados de mí nada podéis hacer."*

La manera más importante de permanecer en Jesús es el estudio bíblico diario y la oración. Subraye bien esto: ¡es *imposible* vivir en una real llenura y en el poder del Espíritu Santo sin orar diariamente y sin tener una conexión estrecha con la Palabra de Dios! El descuido del tiempo devocional diario con Dios nos impide por completo la limpieza y el crecimiento espiritual. Tristemente muchos creyentes modernos han caído en la noción trágica de que todo lo que uno necesita es un devocional corto de dos o tres minutos.

Preguntas para reflexionar: ¿Pasa usted un tiempo significativo en su lectura bíblica diaria y en la oración? (¡Esto *tiene* que ser mucho más que un devocional de dos o tres minutos!). En realidad, ¿cómo esperamos experimentar adoración genuina, confesión completa, peticiones bíblicas y una intercesión seria en apenas dos o tres minutos al día? ¿Ha estado demasiado "ocupado" como para darle a Dios tiempo de calidad? *Recuerde que usted nunca será más fuerte espiritualmente que la fortaleza y calidad de su tiempo* *personal con Dios.* Usted debe estar dispuesto a pasar un tiempo diario significativo con Dios (Por lo menos 30-45 minutos). ¿Se ha descuidado en cuanto a permanecer en una relación estrecha con Cristo? Confiese y apártese del pecado mortal de descuidar su estudio significativo de la Biblia y la oración. Esto es la *médula* de su relación con Jesús.

Hechos 1:8: *"Pero recibiréis poder, cuando haya venido sobre vosotros el Espíritu Santo, y me seréis testigos en Jerusalén, en toda Judea, en Samaria, y hasta lo último de la tierra."*

Sin que quede la menor duda, ¡Dios ha llamado a *todos* sus hijos a ser sus testigos en la vida diaria! Al no dar consistentemente testimonio, nos hacemos responsables por la perdición espiritual de los que nos rodean. Según la Biblia, la sangre de ellos se demandará de nuestras manos (Ez. 3:18).

Definitivamente no basta decir: "Yo evangelizo con mi vida"; ni tampoco basta decir: "Testificar no es mi don espiritual." Con esta afirmación realmente usted está diciendo que no está dispuesto a molestarse en lo más mínimo para hablarles de Cristo a otros. Según 1 Pedro 3:15 todo creyente debe ser capaz de presentar claramente el evangelio.

Preguntas para reflexionar: ¿Ha hecho una lista de oración de las personas que constantemente encuentra en el curso diario de su vida (cajeros, empleados de gasolineras, compañeros de trabajo, compañeros de estudio, vecinos, etc.)? ¿Ora por ellos regularmente? ¿Procura ser especialmente amable con ellos? ¿Les habla de Cristo? ¿Deja tratados de evangelización en los lugares que visita? ¡Avergonzarse de Cristo es un pecado grave en contra de Dios; y el *silencio* es una de nuestras más grandes faltas! (Mr. 8:38). Todo creyente debería mantener una lista de personas sin Cristo por las cuales ora regularmente. Todos los creyentes deben orar y testificar a

De regreso a la santidad

las personas con las cuales tienen alguna conexión (vecinos, compañeros de clase, familiares, etc.).

¿Se ha negado a participar en alguna de las estrategias excelentes de capacitación disponibles para evangelizar? Ningún creyente tiene hoy excusa para no haberse capacitado para testificar. Si usted le ha fallado así a Dios, confiese este pecado serio y obedézcale, convirtiéndose en un consistente intercesor y fiel testigo. Si usted habla inglés, le recomiendo que considere el Light House Prayer Ministry, para su propio hogar. (Para más información llame al 1-800-448-8032 NAMB, o escriba al correo electrónico HOPE@Missionindia.org).

Efesios 4:8: *"Por lo cual dice: Subiendo a lo alto, llevó cautiva la cautividad, Y dio* **dones** *a los hombres."*

Dios le ha dado dones espirituales a todo creyente, y usted debe usar sus dones consistentemente en el cuerpo de Cristo. Dios llama a todo creyente a que le sirva y abunde en la obra de él. Es un *escape* de pecado decir: "Yo no conozco mi don." Si seriamente le pide a Dios, él con certeza le revelará su don espiritual. En nuestros días hay muchas herramientas útiles para ayudarlo a descubrir sus dones. Si realmente está dispuesto a servir a Dios, hay un sin número de necesidades inmediatas en su iglesia. En Lucas 14:8 vemos una historia trágica de gente que busca excusas en cuanto al por qué ellos no pueden hacerle caso al llamado de Dios.

Preguntas para reflexionar: ¿Está constantemente buscando maneras de servir a Dios, o se contenta con quedarse sentado y que otros le sirvan? ¿Da usted excusas para no servir a Dios mediante su iglesia? ¿Se niega a servir a menos que sea una tarea de alto prestigio? ¿Ha estado dispuesto a dejar que otros hagan el trabajo mientras se queda como espectador, recibiendo el ministerio de los demás? ¿Es haragán e irresponsable en las tareas que ha asumido? ¿Ha fallado por no ejercer su don con toda *diligencia*?

Es triste pero cierto que el veinte por ciento de los miembros de la iglesia dan el ochenta por ciento de las ofrendas y hacen el ochenta por ciento del trabajo en la iglesia. *¿En cuál porcentaje está usted?* Aun cuando hay ocasiones por cierto en que sus capacidades pueden ser limitadas, asegúrese de que no está ignorando el servicio a Dios aduciendo excusas. (Aun los confinados en el hogar pueden a menudo servir en el ministerio de la oración).

¿Le ha dado Dios convicción de la necesidad de descubrir y usar sus dones espirituales? ¿Ha sido perezoso espiritualmente? ¿Siente la necesidad de ser un miembro productivo en la iglesia de Cristo? Si confiesa su pecado y obedece a Cristo en el servicio ¡descubrirá un gozo nuevo y fenomenal!

Romanos 6:14: *"Porque el pecado no se enseñoreará de vosotros; pues no estáis bajo la ley, sino bajo la gracia."*
Hebreos 4:1: *"Temamos, pues, no sea que permaneciendo aún la promesa de entrar en su reposo, alguno de vosotros parezca no haberlo alcanzado."*

Dios ha prometido una victoria completa sobre el pecado y la debilidad que nos esclavizan. Trágicamente muchos creyentes viven año tras año cautivos del mismo pecado y las mismas faltas. En muchos casos estos creyentes ¡no *quieren* ser liberados!

Preguntas para reflexionar: ¿Ha identificado sus fortalezas espirituales y se ha apropiado de la victoria completa de Dios? ¿Ha resuelto vencer los pecados que continúan brotando, o *se aviene* con a ellos? ¿Justifica el pecado llamándolo "debilidad"

De regreso a la santidad

o "rasgo de personalidad?" ¿Le ha engañado Satanás haciéndole creer que no puede ser libre? ¿Ha fallado al no resistir por completo a Satanás hasta experimentar una victoria espiritual completa? ¿Es usted demasiado perezoso y holgazán espiritualmente como para esforzarse hacia la victoria completa?

Ya sea que descubra enojo, miedo o hábito de pecar, usted debe *decidir* deshacerse de ello. Confiese su pecado de incredulidad de inmediato, y no se conforme con nada menos que con la victoria total que Cristo compró en la cruz (Jn. 8:34). Aunque tal vez exija un tiempo de batalla espiritual, ¡usted experimentará victoria completa si persevera en fe!

Santiago 3:1: *"Hermanos míos, no os hagáis maestros muchos de vosotros, sabiendo que recibiremos mayor condenación."*

¡A los pastores, maestros y líderes se les ha encomendado una responsabilidad gigantesca ante Dios! Guiar al pueblo de Dios es un llamamiento alto y santo. Aunque es un glorioso privilegio, conlleva una posibilidad fuerte de juicio de parte de Dios. Es especialmente esencial que los predicadores y maestros desempeñen su llamado con diligencia, integridad y santidad personal. Ante Dios la responsabilidad de los líderes es mayor. *"Al que mucho se le haya confiado, más se le pedirá"* (Lc. 12:48).

Como líderes estamos sujetos a todas las tentaciones típicas de los laicos; y en virtud de nuestra posición a menudo enfrentamos batallas que otros no enfrentan. ¡Es especialmente vital que los líderes se concentren en una limpieza personal profunda! De otra manera fácilmente seremos presa de pecados de arrogancia espiritual y ambición. De alguna manera pecados como estos son aun más esclavizantes que la mayoría de las transgresiones visibles.

Preguntas para pastores y líderes: ¿Se ha vuelto usted perezoso en el cumplimiento de sus responsabilidades en el servicio cristiano? ¿Predica y enseña todo el consejo de Dios, o se concentra solamente en una pequeña parte? ¿Predica abiertamente en contra de todo pecado, o se deja intimidar por los hombres? ¿Tiene miedo de predicar sobre asuntos controversiales como el aborto, el divorcio, y la homosexualidad? ¿Estudia diligentemente la Palabra de Dios, o se ha vuelto ocioso? ¿Está haciendo lo mejor que puede, o ha comenzado a tomar atajos? ¿Ha albergado celos o ánimo de competencia contra otros pastores? ¿Ha albergado alguna amargura o resentimiento hacia los miembros de su iglesia? ¿Piensa que le pagan poco, o que no aprecian su trabajo?

¿Practica constantemente lo que predica y enseña? ¿Hubo un tiempo en el que era más dedicado y celoso de su llamado de lo que es ahora? ¿Está firme e inconmovible, o tiende a ser inconsistente? ¿Se esfuerza "a tiempo y fuera de tiempo," o se desalienta con facilidad?

¿Ha fallado en cuanto a guiar a su iglesia a participar agresivamente en ganar almas y las misiones? ¿Ha fallado en cuanto a servir con diligencia porque su posición no es tan prestigiosa como la de otros? ¿Ha visto de alguna manera a su iglesia como un peldaño hacia "una posición mejor"? ¿Es usted un verdadero pastor, o es un asalariado?

Pastor o maestro, por favor sea franco consigo mismo y con Dios. ¿Qué esperanza de avivamiento tiene una iglesia si no comienza por sus líderes? Ya que el juicio comienza en la casa de Dios, ¡tiene que comenzar primero con los líderes de la iglesia! Pídale perdón a Dios, y deje que su fuego santo vuelva a encender su servicio. Crea que Dios le ayudará a desarrollar y usar el don que le ha dado (2 Ti. 1:6).

Jeremías 29:13: *"Y me **buscaréis** y me hallaréis, porque me buscaréis de todo vuestro corazón."*
Santiago 5:16: *"La oración **eficaz** del justo puede mucho."*

En estos pasajes vemos que Dios desea buscadores fervientes. Dios no nos corretea para hacernos tragar sus revelaciones. Él habla más que todo a los que consistentemente le buscan en oración ferviente y ayuno. Por toda la Biblia y la historia de los despertamientos espirituales, el ayuno es frecuentemente parte de una búsqueda seria de Dios. (Aunque no se debe hacer como un esfuerzo legalista para impresionar a Dios y a las personas). Es triste que muchos creyentes modernos no sepan nada en cuanto a buscar a Dios con verdadero fervor. Típicamente su búsqueda es de conveniencia y cuesta poco.

Trágicamente, muchos santos modernos están tan esclavizados a la comida y las comodidades terrenales que la idea de orar y ayunar en serio les parece extrema e insólita (Sin embargo, es un claro patrón en la Biblia, y en toda la historia de avivamiento).

Preguntas para reflexionar: ¿Está usted buscando *fervientemente* que Dios le dé diariamente más de su presencia y poder? ¿Ha fallado por no avanzar a niveles más profundos de oración y ayuno? ¿Se resiste a la idea de algún tipo de oración costosa o prolongada? Ya que Dios exigió oración ferviente y ayuno en todos los avivamientos del pasado, ¿por qué habría de hacer una excepción con nosotros? Siendo que virtualmente toda persona a la que Dios usó, fue un individuo que ayunó y oró, ¿por qué la voluntad de Dios habría de ser diferente para usted? Si Dios le convence de la necesidad de orar fervientemente y de ayunar bíblicamente, por favor no busque excusas, ni ignore su voz. Si busca a Dios *de todo* corazón, ¡le encontrará de una manera que ni siquiera se puede imaginar!

Santiago 1:23-24: *"Porque si alguno es oidor de la palabra pero no hacedor de ella, éste es semejante al hombre que considera en un espejo su rostro natural. Porque él se considera a sí mismo, y se va, y luego olvida cómo era."*

Una omisión común es no obedecer la Palabra de Dios en el momento en que él habla. Yo le llamo a esto el pecado de "arrepentimiento de vitrina." Analizamos la Biblia casi como juego, pero no tenemos la intención de obedecerla.

Según Lucas puede incluso ser peligroso el abrazar tiempos de limpieza o asamblea solemne. *El peligro es que usted pueda hacer un mero "espectáculo" del arrepentimiento.* Cuando está expuesto a la Palabra escudriñadora de Dios, él le considera doblemente responsable por lo que ha visto. Por esta razón el libro que ahora está leyendo es casi peligroso. (¡Usted es responsable ahora por lo que ha oído!). La Palabra de Dios no es algo que usted puede simplemente *considerar;* es algo que hay que obedecer de inmediato. ¡El siervo que *sabe* la voluntad de su Señor y no la hace, recibirá mucho mayor castigo! (Lc. 12:47).

Preguntas para reflexionar: ¿Siente usted a menudo que Dios le está hablando pero con todo tarda en obedecer? ¿No le dice verdaderamente que no a Dios, pero no le obedece? Los creyentes cometen el trágico error de pensar que "considerar" la obediencia es lo mismo que obedecer.

¿Le falla constantemente a Dios en las mismas viejas costumbres? ¿Hay aspectos específicos en las cuales pareciera que usted nunca hace ningún progreso? Si es así, esto indica que usted no tiene una tristeza sincera, o un arrepentimiento verdadero en cuanto a ese pecado en particular. Es vital que

De regreso a la santidad

confiese sus pecados de obediencia *parcial y retardada*. Pídale a Dios que lo llene de un espíritu genuino de arrepentimiento. Aunque no podemos fabricar un verdadero arrepentimiento, podemos apropiarnos del mismo por la presencia de Cristo en nosotros. Si usted le pide sinceramente a Dios, ¡él le dará un corazón obediente! *"Porque Dios es el que en vosotros produce así el querer como el hacer, por su buena voluntad"* (Fil. 2:13).

Reflexión personal sobre
pecados de omisión

1. Vuelva a repasar los pasajes específicos mediante los cuales Dios le dio una convicción especial. Haga una lista de cosas específicas que necesita comenzar a hacer.

2. ¿Cómo afectan los pecados de omisión su relación con Dios y los demás?

3. ¿Qué promesas bíblicas le ayudarán a vencer los pecados de omisión?

4. ¿De qué nuevas maneras está preparado para obedecer a Dios? ¿Qué cambios específicos en su comportamiento reemplazarán sus pecados de omisión? ¿Cuáles son sus primeros pasos de obediencia?

Séptima categoría
Pecados de dominio propio y confianza propia

De todas las categorías esta es quizás la que requiere más discernimiento y revelación de Dios. En esta sección consideraremos maneras sutiles en que la vieja naturaleza está bien viva y permanece oculta en aspectos clave del corazón de la persona. Sin lugar a dudas, muchos creyentes han quitado de la cruz aspectos de sí mismos que estorban seriamente que Cristo fluya en sus vidas. Esta es una razón primordial por la cual muchos no pueden encontrar la victoria que Dios tan claramente ha prometido.

Aunque algunos de estos principios pueden parecer muy avanzados, en realidad representan el cimiento de andar con Cristo. Antes de proseguir sería útil definir nuestro uso de dos términos básicos.

La Carne: En esta sección uso el término carne en el mismo sentido en que lo usó Pablo en Gálatas 5:17-20. En este contexto la carne denota nuestras acciones y pensamientos humanos cuando actuamos lejos del control directo de Cristo.

Negarse uno mismo: Me refiero a la aseveración de Jesús en Mateo 16:24-25. En este contexto uno debe estar dispuesto a negarse (o morir) a sus propios deseos y a rendirse completamente a Cristo.

Conforme Dios le santifica, le guiará en un proceso cada vez más profundo de negarse a sí mismo y de vivir para él. Si usted no entiende los principios bíblicos de rendirse, tal vez lo confundan los tiempos necesarios de quebrantamiento que Dios permite. Aun sin saberlo usted puede empezar a resistir el mismo método por el cual Dios le conducirá a la santidad y al poder espiritual. Pídale a Dios que le dé discernimiento mientras considera tres principios cruciales de victoria sobre el pecado y el yo.

Mateo 16:24-25: *"Si alguno quiere venir en pos de mí, niéguese a sí mismo, y tome su cruz, y sígame. Porque todo el que quiera salvar su vida, la perderá; y todo el que pierda su vida por causa de mí, la hallará."*
Romanos 6:6: *"Sabiendo esto, que nuestro viejo hombre fue crucificado juntamente con él, para que el cuerpo del pecado sea destruido, a fin de que no sirvamos más al pecado."*

Para todos los creyentes habrá muchos puntos en los que debemos escoger hacer la voluntad de Dios en lugar de la nuestra (Is. 55.8). Nuestra carne y deseos naturales pueden exigir un cierto curso de acción, pero sabemos que Dios quiere otro enteramente diferente. Solo cuando usted escoge negarse a sí mismo, y por fe obedecer a Dios, conocerá el glorioso poder de Dios. ¡No se desespere! ¡El Cristo que vive en usted le da la capacidad de negarse a sí mismo!

Cuando usted fue salvado entró en la victoria de la muerte y resurrección de Cristo Jesús. Cristo Jesús ya ha logrado la muerte al yo y su nueva vida de poder por medio de él (Ro. 6:6-11). Sin embargo, si usted se obedece a sí mismo en lugar de obedecer a Dios, de inmediato pierde la llenura y el poder del Espíritu Santo.

Así que, ¿cómo se "niega en realidad a sí mismo" en su vida diaria? En términos sencillos, es decir que **no** a pensamientos, actitudes, o acciones que usted sabe que son carnales. Otras veces significará decir que **sí** a una acción o servicio espiritual que su carne natural rechazaría. Usted se niega a sí mismo y obtiene la victoria "confiando" en la muerte y resurrección de Cristo, que está obrando en usted (Ro. 6:3-4). Amigo: Jesús ya ha ganado la victoria y ¡él vive en usted!, pero usted *debe* escoger negarse a sí mismo y dejar que él reine en su vida (Ro. 6:12-14). Aunque él le da las fuerzas, solamente *usted* puede escoger momento tras momento andar con él.

No quiero decir con esto que sea fácil. A veces será realmente doloroso negarse a sí mismo y tomar su cruz. A decir verdad, una cruz es algo en lo que uno "muere." Además, el yo se niega a morir, y usted a menudo se verá tentado a ceder a sus súplicas de hacer acomodos. Sin embargo, el yo no puede ser mejorado; es preciso crucificarlo con Cristo. ¡Pero no se desespere! El Cristo que vive en usted le da la capacidad total de negarse a sí mismo, y después de cada negación verdadera de sí mismo ¡vendrá una nueva y gloriosa manifestación de Dios! Así que, ¿vale la pena negarse al yo? Sí, mi querido santo, ¡vale la pena un millón de veces más!

¿Qué pasa si retrocede y rehúsa tomar completamente su cruz? ¿Qué pasa si rehúsa negarse a sí mismo y obedecer a Cristo? En pocas palabras, usted perderá su celo y energía espiritual. Todo lo espiritual se convertirá en un gran esfuerzo, y será especialmente difícil resistir la tentación. Los resultados de sus oraciones y ministerios se vuelven limitados y escasos. Usted retrocede a vivir en su "propio poder," en lugar de vivir en el poder de Cristo. *¡Esto por esto precisamente que muchos creyentes están agotados espiritualmente y no tienen poder sobrenatural!* En algún momento clave enfrentaron la cruz y retrocedieron. Hicieron acomodos con la vieja naturaleza y ahora el poder de Dios ha quedado en cortocircuito. Ahora ellos saben muy poco de la vida en abundancia y de su relación personal con Jesús, que él tan claramente prometió.

¡Gracias a Dios que hay un remedio que siempre da resultado! El remedio es sencillamente arrepentirse y depositar su fe en el Cristo que vive en usted. ¡Por fe usted *puede* negarse a sí mismo y dejar que Cristo viva por medio de usted!

Preguntas para reflexionar: ¿Le ha pedido Dios que haga algo y usted ha tratado de ignorarle? ¿Le ha pedido Dios que haga algo que aun no ha hecho? ¿Le está pidiendo Dios que deje de hacer algo y todavía lo está haciendo? ¿Ha habido algún momento en el cual usted ha reconocido que está resistiendo la voz de Dios? ¿Ha sido rebelde en cuanto a depositar la familia, sus relaciones personales o trabajo en el altar de Dios? ¿Le ha pedido Dios que renuncie a algo que no es realmente un pecado público, pero que verdaderamente es un impedimento?

En adición a los pecados reales debemos estar dispuestos a despojarnos de todo *peso* (Heb. 12:1). Nunca habrá poder y victoria completa mientras uno no se niegue a sí mismo diariamente y siga a Cristo. Por favor, sea franco con Dios y consigo mismo. Nunca olvide que bendición gloriosa le aguarda a los que verdaderamente toman su cruz cada día y siguen a Jesús.

Juan 12:24: *"De cierto, de cierto os digo, que si el grano de trigo no cae en la tierra y muere, queda solo; pero si muere, lleva mucho fruto."*
Proverbios 17:3: *"El crisol para la plata, y la hornaza para el oro; Pero Jehová prueba los corazones."*

Estos pasajes describen el principio fundamental del quebrantamiento espiritual. Cuando la cáscara externa del grano se rompe, la vida que está dentro de él sale para producir más grano; pero si la cáscara externa no se rompe, la vida que está dentro del grano nunca sale.

Este principio se ve en la muerte y resurrección de Jesucristo. Aunque él nunca pecó, estuvo dispuesto a ser quebrantado a fin de que la vida eterna de Dios pudiera fluir para todos. Sin embargo, muchos creyentes obstinadamente se resisten al proceso de Dios de quebrantar su vieja naturaleza.

En los creyentes la cáscara exterior representa esas cosas que le pertenecen a la vieja naturaleza y al yo (Estoy usando el término "yo" para referirme a pensamientos y actitudes sutiles

De regreso a la santidad

que proceden de nuestra naturaleza de pecado y de las fuerzas humanas naturales). Aunque la vida perfecta de Jesús mora en usted, el "traje viejo" de pensamientos carnales impedirán grandemente que Dios fluya en su vida. Después de todo aun estamos en un cuerpo y en un mundo caídos.

¿Cómo rompe Dios los patrones viejos del yo para derramar su vida por medio de nosotros? *El método principal de Dios es la convicción y revelación del Espíritu Santo, mediante la Biblia.* Por la Palabra y el Espíritu Santo, Dios abre nuestros ojos a las maneras sutiles del yo que todavía están adheridas a nuestro ser (Heb. 4:12). ¡Aun cuando inicialmente esta convicción puede ser dolorosa, Dios lo está haciendo para librarle; no para condenarle! Cuando Dios le abre los ojos a aspectos de pecado y del yo que no han sido crucificados, él le llama a que confiese esto de inmediato y a que confíe plenamente en Cristo para que controle su vida en este aspecto preciso. ¡De su quebrantamiento y rendición consciente vendrá un milagroso poder de resurrección!

Un segundo método de quebrantamiento es por las circunstancias de la vida. A veces Dios permite pruebas significativas para llevarle al final de sus fuerzas humanas (2 Co. 12:10). Usted puede también sufrir ataques de grandes tentaciones que parecen estar más allá de su capacidad humana para soportar. Cuando sus propias fuerzas se quebrantan, entonces usted se ve forzado a depender más profundamente de la vida de Cristo, que está en usted. El mismo Cristo se convierte en sus propias fuerzas y rectitud.

Tal quebrantamiento le conduce a usted a una dependencia total en la vida y poder de Cristo. El quebrantamiento pone punto final a las formas en las que usted todavía se apoya en sus propias fuerzas o rectitud humana. Aun así muchos creyentes resisten el quebrantamiento que puede liberarlos. Frecuentemente luchamos contra los proceso de Dios.

Proverbios 17:3 da una idea crucial en cuanto al proceso de Dios del quebrantamiento y la limpieza. El refinador de metales preciosos *calienta* el objeto, hasta que se comienza a deshacer. Bajo el fuego del refinador las impurezas que previamente no se habían detectado empiezan a salir a flote. El calor hace que las impurezas se hagan plenamente evidentes. Solamente cuando salen a flote se las puede detectar y quitar completamente. Sin el calor intenso las impurezas no se podrían descubrir ni quitar.

¡De una manera parecida el Señor limpia y transforma nuestros corazones! Dios permite pruebas y tentaciones para hacer que suba el calor (o *quebrantamiento*) en nuestras vidas. Bolsillos de pecado y egocentrismos que no se habían detectado (que estuvieron allí todo el tiempo) de repente salen a la superficie, bajo una presión intensa. Sólo entonces podemos considerarnos muertos a esos pecados específicos, y creer que Cristo los reemplazará con su propia vida y santidad (Ro. 6:6). Sin el quebrantamiento quizás nunca llegaríamos a ver las maneras sutiles del egocentrismo que todavía están adheridas a nuestro ser.

Preguntas para reflexionar: ¿Se vuelve usted defensivo y huye de la convicción y quebrantamiento de Dios? Muchos evitan los tiempos de búsqueda interna y limpieza delante de Dios. Prefieren "dejarse llevar por la inercia" espiritualmente y dar por sentado que necesitan escaso quebrantamiento adicional. Neciamente piensan que han alcanzado tal madurez espiritual que no necesitan preocuparse por una limpieza espiritual profunda, ni de la santidad. El apóstol Pablo no tenía tal actitud (Fil. 3:13-14). ¿Se ha conformado usted en una zona espiritual "de dejarse llevar"? Quizás usted realmente no quiere crecer, si eso significa alguna forma de incomodidad o de búsqueda de Dios. ¿Se enoja por los problemas físicos o emocionales en lugar de tomarlos como oportunidades para experimentar más a Cristo? ¿Ha desperdiciado sus pesares al no mirar las lecciones de Dios en ellos?

De regreso a la santidad

Aunque Dios definitivamente nos libera de muchas pruebas como respuesta a nuestras oraciones, hay algunas a las que les permite quedarse. Tranquilícese, ¡porque las pruebas que Dios permite que se queden son para un propósito glorioso en su vida! El mismo Pablo oró que Dios le quitara una prueba dolorosa (2 Co. 12:9), pero luego declaró que esa prueba le acercó más a Jesús. Pablo *se regocijó* en su sufrimiento y debilidad permitidos por Dios. ¿Se regocija usted en sus sufrimientos como lo ordena Santiago 1:2? Confiese de inmediato cualquier tendencia a renegar y resistir el quebrantamiento que Dios permite en su vida. No huya del quebrantamiento de Dios, ¡acéptelo! Gloriosa vida la que resulta del quebrantamiento del que lo recibe en fe.

Como una precaución permítame advertirle que no permita que Satanás lo engañe, y que acepte pasivamente un ataque de demonios como "quebrantamiento" de parte de Dios. Sé que esto de inmediato trae la pregunta: "¿cómo saber la diferencia?" Sencillamente permítame decirle que si usted invierte tiempo en la oración, Dios le dará ese discernimiento. Si usted lo pide recibirá sin lugar a dudas la sabiduría de Dios (Stg. 1:5-7).

---

2 Corintios 12:9-10: *"Y me ha dicho: Bástate mi gracia; porque mi poder se perfecciona en la debilidad. Por tanto, de buena gana me gloriaré más bien en mis debilidades, para que repose sobre mí el poder de Cristo. Por lo cual, por amor a Cristo me gozo en las debilidades, en afrentas, en necesidades, en persecuciones, en angustias; porque cuando soy débil, entonces soy fuerte."*
Gálatas 2:20: *"Con Cristo estoy juntamente crucificado, y ya no vivo yo, mas vive Cristo en mí; y lo que ahora vivo en la carne, lo vivo en la fe del Hijo de Dios, el cual me amó y se entregó a sí mismo por mí."*

Estos pasajes bíblicos revelan el principio espiritual vital de una total dependencia en la fuerza de Cristo en vez de en la capacidad humana. A decir verdad, Pablo se gozaba en las cosas que acababan con sus fuerzas para así depender totalmente de Cristo. Después de todo, Dios no recibe lo que nosotros tratamos de hacer *por* él; solamente lo que le permitimos a él hacer *por medio* de nosotros. Es esencial comprender que nuestras fuerzas humanas fácilmente pueden estorbar la dependencia total en la presencia de Dios.

En nuestros días esto se puede ver en la manera en que a menudo nos ocupamos más de métodos humanos y menos en la oración ferviente y la santidad. Si no incluimos en nuestras estrategias la oración ferviente y la limpieza profunda, corremos un alto riesgo de hacer la obra espiritual en las fuerzas humanas. Incluso siquiera los predicadores, maestros y testigos altamente preparados no pueden hacer nada sin la limpieza profunda y la llenura del Espíritu Santo.

Sin lugar a dudas debemos agradecer a Dios por las estrategias modernas de predicación, de enseñanza y evangelización. ¡Animo a todos los creyentes a que usen estos maravillosos métodos! Pero nunca demos por sentado que métodos y cursillos de capacitación pueden reemplazar el requisito fundamental de una limpieza profunda diaria y una total dependencia de la llenura de Cristo en nosotros.

Si intentamos hacer la obra de Dios sin una limpieza profunda y sin la llenura del Espíritu Santo, podemos terminar hablando a la mente de las personas más que a sus corazones. A la larga esto produce muchos convertidos que son "nuestros" en lugar "de Dios." Solamente el Espíritu de Dios puede producir fruto eterno que permanezca (Jn. 15:16).

Aunque en las generaciones recientes la iglesia ha sido la más programada y capacitada de la historia, nuestro número de bautismos revela quizás el peor estancamiento espiritual en la historia de los Estados Unidos de América. Esto muestra una gran urgencia de combinar en cada esfuerzo y estrategia una

De regreso a la santidad

limpieza más profunda y una mayor dependencia de Cristo en oración. Sin que importe cuán brillantes sean nuestros métodos, ellos pueden ser poderosos solo si estamos dispuestos a ser limpiados y que nos llene el Espíritu de Dios.

No es por casualidad que virtualmente todos los grandes despertamientos espirituales fueron dirigidos por gente de oración ferviente y que prestaron gran atención a la santidad. La cuestión no es tanto la fuerza de nuestras estrategias, sino la profundidad de nuestra limpieza personal y la oración (¡Aunque seguramente necesitamos lo uno y lo otro!).

Preguntas para reflexionar: ¿Ha colocado usted en realidad y mayormente su enfoque en su capacitación o capacidades naturales en lugar de en su limpieza y llenura del Espíritu Santo? ¿Es usted culpable a menudo de estar preparado mentalmente pero no espiritualmente? En comparación, ¿hace su iglesia mayor énfasis en estrategias, métodos y programas que en la oración ferviente y el arrepentimiento verdadero? *¡Dios nos libre de nuestras fuerzas humanas!* Debemos recordar la lección crucial de Gedeón en Jueces 7:2. Aunque necesitamos estrategias excelentes, nunca debemos hacer mayor énfasis en ellas antes que en la limpieza profunda diaria y la oración ferviente. De la historia del despertamiento espiritual ¡podemos ver claramente que Dios nunca comparte su gloria con hombres o programas! (1 Co. 1:29).

Reflexión personal sobre
pecados de dominio propio y confianza propia

1. Vuelva a repasar los pasajes específicos mediante los cuales Dios le dio una convicción especial. Haga una lista específica de las formas a las cuales necesita morir a sí mismo y tomar su cruz.

2. Haga una lista de maneras específicas en las que Dios puede estar quebrantando la vida de su yo para llevarlo a una dependencia más profunda en Cristo. ¿Cómo se resiste usted a ese proceso? ¿Qué cambios necesita hacer?

3. ¿De qué promesas bíblicas puede apropiarse para encontrar la victoria completa?

4. ¿De qué nuevas formas está dispuesto a tomar su cruz y seguir a Jesús? Sea específico. ¿Hay aspectos específicos en los cuales ha estado resistiendo los métodos de Dios para quebrantarlo y humillarlo? Sea específico. ¿De qué maneras nuevas puede cooperar con el proceso de Dios de transformarlo a imagen de Jesús? ¿De qué maneras ha mostrado más dependencia en la bondad y las capacidades humanas? ¿De qué necesita arrepentirse? Sea específico.

Avance hacia la oración poderosa y el servicio dinámico.

Conclusión

Si ha sido franco y ha confesado todos sus pecados, entonces usted está listo para el pleno poder limpiador de Dios. Los pecados que se admiten y abandonan son limpiados por completo. Es importante confiar en la promesa perdonadora de Dios, y no en lo que usted siente (1 Jn. 1:9).

Tres pautas son de gran ayuda en su confesión:

(1) Si el pecado es contra Dios, confiéselo a Dios y arregle las cosas con Él.
(2) Si el pecado es contra otra persona, confiéselo a Dios, y arregle las cosas con la otra persona.
(3) Si el pecado es contra un grupo, confiéselo a Dios, y arregle las cosas con el grupo.

Si hay una confesión completa, habrá limpieza completa y una transformación gloriosa. Al confesar sus pecados pídale a Dios que lo llene de su Santo Espíritu. No se desanime si algunos pecados parecen difíciles de vencer. Algunos exigirán un *proceso* de confesión frecuente y de apropiarse de la plenitud de Cristo. Nunca se dé por vencido y no se sienta condenado en el proceso de la batalla. Si persiste en la confesión diaria y realmente confía en Dios y en el poder de Cristo que vive en usted, usted *experimentará* victoria total y completa. ¡Nunca diga que no puede cambiar, cuando Dios dice que sí puede cambiar! (Fil. 4:19).

Amigo, es vital que usted crea que la muerte y la resurrección de Cristo le proveen la victoria sobre el *poder* y la *pena* del pecado. Según Romanos 6:6 debemos apropiarnos de la victoria de Cristo sobre nuestros pecados. Al rechazar los patrones de pecado y egocentrismo debemos confiar en que Cristo nos llenará de su poder y justicia. Entonces podemos experimentar la gloriosa declaración del apóstol Pablo en

De regreso a la santidad

Gálatas 2:20: *"Con Cristo estoy juntamente crucificado, y ya no vivo yo, mas vive Cristo en mí."*

Al experimentar este proceso continuo de limpieza y llenura usted estará listo para un andar diario y dinámico con Dios. No obstante, la clave absoluta es su vida de oración. Sin lugar a dudas Dios quiere que todo creyente experimente una vida dinámica de oración. Él quiere que usted ande en victoria espiritual y experimente respuestas milagrosas a la oración. Dios quiere que pueda oír claramente su voz y que aprenda a ser un intercesor poderoso. Él quiere enseñarle como adorarle y andar siguiendo su dirección continua; pero, ¿cómo se llega a tal vida balanceada de oración bíblica diariamente? ¿Cuáles son los pasos prácticos? Los siguientes puntos le proveen un punto de partida.

Cinco pasos prácticos hacia una vida diaria de oración poderosa

1. Haga el compromiso absoluto de pasar constantemente un tiempo considerable a solas con Dios en oración ininterrumpida.

Es esencial que comience a dedicarle un tiempo *significativo* a Dios diariamente. Dos o tres minutos devocionales no son en ningún sentido el patrón de Jesús, de la iglesia primitiva, o de cualquiera persona a la que Dios haya usado con poder. Usted debe rechazar la noción moderna de que usted puede desarrollar una vida de oración profunda "a la carrera." (Treinta minutos a una hora es una buena sugerencia para una vida ferviente de oración diaria). Recuerde que la única manera en que aprendemos a orar es "orando." Si invierte un tiempo significativo a solas con Jesús, ¡él cambiará de forma radical su vida!

Por supuesto, también adquirimos el estilo glorioso de "orar sin cesar" (1 Ts. 5:17) En otras palabras, aprendemos a vivir cada momento percatándonos de la presencia inmediata de Dios. Aun cuando debemos comprometernos a un tiempo de oración a solas, nunca debemos realizarlo como si fuera una esclavitud legalista.

2. Acérquese a su tiempo de oración como una relación con Dios en lugar de como un rito obligatorio.

¡La oración verdadera es una relación! No es cuestión de ciertas fórmulas o programas, sino que es una relación de amor con su Dios. *Considerar su tiempo de oración como algo menos que eso es perderse todo el sentido de la oración.* Más que cualquier otra cosa Dios quiere su amor, y esto significa buscar tiempo para estar verdaderamente a solas con él. Necesitamos reflexionar en la historia bíblica de Marta y María (Lc. 10:18-42). Muchos están tan ocupados sirviendo a Dios que descuidan su tiempo con él. Esto inevitablemente estorba nuestro crecimiento y causa un cortocircuito en nuestro poder.

Cuando usted se acerca a la oración como una relación también aprenderá a oír la voz de Dios diariamente. ¡No solamente estará hablándole a Dios sino que él le hablará a usted! Después de todo, la verdadera oración comienza cuando "se escucha" a Dios. *¡La oración genuina siempre empieza en el corazón y mente de Dios!* Conforme usted aprende a escuchar, entonces está seguro de que lo que pide está en la voluntad de Dios.

De muchas maneras ¡aprender a *oír* a Dios es el secreto más grande de las oraciones contestadas! *"Y esta es la confianza que tenemos en él, que si pedimos alguna cosa conforme a su voluntad, él nos oye. Y si sabemos que él nos oye en cualquiera cosa que pidamos, sabemos que tenemos las peticiones que le hayamos hecho"* (1 Jn. 5:14-15).

3. Comprométase con una vida de oración balanceada al practicar los cuatro diferentes tipos de oración.

Es esencial que nuestra vida de oración sea más que una lista de "necesidades y antojos." Dios quiere que sus hijos experimenten diariamente una profunda alabanza y adoración personal. Además, necesitamos experimentar limpieza diaria, porque si no, no podremos mantener el poder del Espíritu Santo. Él también quiere ahondar nuestras peticiones e intercesión.

Sin lugar a dudas una relación vibrante con Jesús exige una práctica consistente de los cuatro tipos de oración: *(1) Alabanza, agradecimiento y adoración. (2) Confesión completa y arrepentimiento. (3) Petición bíblica y súplica; y (4) intercesión.* Claramente, usted sólo puede experimentar todos estos tipos de oración si dedica un tiempo significativo diario para estar a solas con Dios. (Es imposible experimentar regularmente todos los tipos de oración en un devocional de apenas dos o tres minutos). Creyente: ¡no se desespere! Por la gracia de Dios usted *puede* comenzar a experimentar todos los tipos de oración diariamente.

4. En sus peticiones diarias enfoque más los asuntos de carácter y santidad personal que las necesidades temporales.

Es trágico cuando nuestra vida de oración personal principalmente consiste en cuestiones de salud, finanzas y otras cosas terrenales. Después de todo la gran prioridad de Dios es moldearlo a usted a imagen de Cristo (Ro. 8:29). Él está profundamente interesado en llenar sus pensamientos y actitudes con su presencia y con su santo poder. Pero usted tal vez se pregunte: "¿Cómo puedo orar eficazmente por tal transformación en mi propia vida?"

Una sugerencia poderosa es hacer de los nueve frutos del Espíritu Santo su petición personal diaria en oración (Gá. 5:22-23). El fruto del Espíritu Santo representa el mismo carácter y santidad de Dios. Al pedirle diariamente a Dios que lo llene con cada fruto del Espíritu, pídale también que le muestre cómo usted *no* está reflejando tal característica. Cuando usted ora así usando la Palabra de Dios en su vida, ¡Él transformará milagrosamente cada parte de su ser!

Las características específicas de las bienaventuranzas proveen excelentes peticiones personales (Mt. 5). Dios también le guiará a elevar en oración otras palabras bíblico de carácter regularmente. Algunos ejemplos de palabras de carácter son: humildad, celo, discernimiento, sabiduría, adoración genuina, firmeza, intrepidez, pureza, motivos apropiados, revelación, etc. Pídale a Dios que le ayude a enfocar sus peticiones personales en asuntos de carácter, pureza y santidad. Si se apropia de oraciones como éstas para su propio corazón, ¡Dios revolucionará su vida!

5. En su intercesión diaria enfoque más en asuntos de evangelización y misiones que en preocupaciones temporales.

Es trágico que mucha de la intercesión se enfoca en cuestiones de salud y otros asuntos temporales. Sin duda las grandes prioridades de Dios son la evangelización del mundo y un avivamiento arrasador en la iglesia (Mt. 28:18-20). Si éstas son las principales prioridades de Dios, entonces también deben ser el enfoque primordial de nuestra intercesión. ¡Dios hace cosas increíbles cuando enfocamos nuestra intercesión en los perdidos, las misiones y el despertamiento espiritual! Sin embargo, usted tal vez todavía piense: *"¿Cómo puedo enfocar mi intercesión en las grandes prioridades de Dios?"* A continuación hay una lista de cinco estrategias poderosas:

(1) Prepare una lista de oración de personas perdidas e interceda por ellas diariamente.

(2) Prepare una lista de oración de líderes clave y estrategias de ministerio de su iglesia. Ore por esto regularmente.

(3) Recopile una lista de oración de líderes clave espirituales y gubernamentales. Ore por ellos regularmente.

(4) Ore regularmente por estrategias vitales de misiones de su asociación, estado y denominación. (Puede conseguir información al día de su denominación nacional o estatal).

(5) Interceda diariamente por un despertamiento espiritual y un avivamiento en su ciudad y nación. En mi libro, en inglés, *How to Develop a Powerful prayer Life (Cómo cultivar una vida de oración poderosa)* menciono una lista de diez oraciones bíblicas para ayudarle a interceder por los Estados Unidos de América y el mundo. (Vea los recursos que se mencionan más adelante).

Querido amigo: por favor no piense que una vida de oración poderosa está fuera de su alcance. Si usted está dispuesto, Dios revolucionará su oración así como su andar con él. Para ayuda práctica he escrito el libro paralelo *How to Develop a Powerful Prayer Life (Cómo cultivar una vida poderosa de oración),* que está diseñado para guiarle paso a paso a una relación personal y dinámica con Jesucristo, así como también para ir mano a mano con este libro que tiene en sus manos. De una manera sencilla pero a la vez completa, le lleva a lo profundo de una relación personal con Jesús (Puede conseguir ejemplares de este libro en la dirección que daremos más adelante).

Al concluir este libro ahora usted tiene una herramienta poderosa para una limpieza diaria y profunda y una oración que mueve montañas. No permita que nada le prive de andar en completa limpieza y oración dinámica. Sin que importe lo débil que haya sido, usted *puede* llegar a ser un intercesor bíblico poderoso. Si Dios es por usted, ¿quién contra usted? Y créame, mi querido creyente ¡Dios *es* por usted! (Ro. 8:31).

Información para ordenar materiales

Hemos usado expresamente a un editorial y una imprenta de creyentes y sin fines de lucro, para poder tener recursos y materiales disponibles a una pequeña fracción de su costo normal. También tenemos la capacidad de enviar miles de ejemplares en un corto tiempo. Para ordenar libros para toda su congregación, por favor escríbame o llámeme a la siguiente dirección:

Dr. Gregory Frizzell

Email: info@frizzellministries.org

Apéndice A
Cómo estar seguro de su salvación

Si tiene alguna duda sobre su salvación, tengo grandes noticias para usted. ¡Dios quiere quitarle toda duda y darle seguridad absoluta! Dios quiere que *todos* los creyentes tengan seguridad completa en su relación personal con él. Los siguientes pasajes bíblicos demuestran esta gran verdad más allá de toda duda.

"Estas cosas os he escrito a vosotros que creéis en el nombre del Hijo de Dios, para que sepáis que tenéis vida eterna, y para que creáis en el nombre del Hijo de Dios" (1 Jn. 5:13).
"El Espíritu mismo da testimonio a nuestro espíritu, de que somos hijos de Dios" (Ro. 8:16).

Siendo que Dios obviamente quiere que sus hijos tengan seguridad de su salvación, ¿por qué muchos dudan? Aunque hay varias causas para la duda, una de las más comunes es que la persona simplemente nunca ha sido salvada. Es más, se piensa en general que las iglesias modernas tienen un número crecido de miembros que no han sido salvados.

En las últimas décadas ha sido escalofriantemente fácil "unirse a la iglesia," sin haber tenido un encuentro con Jesucristo que transforme la vida. Por esta razón muchos son miembros de las iglesias sin haber tenido un encuentro salvador con Cristo. Quizás usted se pregunte: "¿Por qué este fenómeno está tan extendido en la iglesia moderna?" La siguiente sección nos da una información muy valiosa.

¿Por qué hay tantos miembros en las iglesias que no son salvados?
Cuatro Factores Sociales

Aunque no puedo decir que tengo una idea de cuál pudiera ser el porcentaje, podemos dar por sentado que los miembros no salvados no son algo raro. Cuatro factores dan indicios fuertes en cuanto a la presencia de miembros no salvados en las iglesias.

(1) En los últimos cuarenta años, los Estados Unidos han experimentado una seria decadencia moral y espiritual.

No hay duda de que la sociedad en nuestra nación ha experimentado un espantoso hundimiento moral. También es verdad que muchas iglesias han sido afectadas por patrones sociales. En el pasado, en tiempos de tal declinación espiritual, la convicción fuerte de pecado y reverencia a Dios han tendido a reducirse. La evidencia de un arrepentimiento profundo y tristeza santa es menos evidente que en tiempos de gran despertamiento espiritual. En tales tiempos, la historia revela un número creciente de miembros de las iglesias que no dan evidencia de algún cambio de vida. (No son fieles a profesión de fe).

En 1 Juan 2:19 encontramos una pista probable de la razón por la que ¡más de la mitad de los miembros de las iglesias de los Estados Unidos nunca asisten a la iglesia! *"Salieron de nosotros, pero no eran de nosotros; porque si hubiesen sido de nosotros, habrían permanecido con nosotros; pero salieron para que se manifestase que no todos son de nosotros."* Aunque tales miembros hayan levantado su mano en alguna reunión o firmado una tarjeta de membresía, no han manifestado arrepentimiento y a menudo ni siquiera se encuentran en la iglesia seis meses más tarde.

De regreso a la santidad

(2) Mucho de la predicación moderna ha puesto menor énfasis en el arrepentimiento y en la sumisión al señorío de Cristo.

Consecuentemente muchos han tratado a Cristo como un "seguro barato en contra de incendios," que los guardará fuera del infierno. En tal predicación superficial y centrada en el hombre, se pinta a Dios casi como un criado del hombre, existiendo primordialmente para hacernos felices y cumplir nuestros deseos.

Aunque quizás sin intención, muchos predicadores han enfatizado tanto el amor de Dios, que virtualmente se ignora el mensaje de su grandiosa santidad. Muchos no han predicado sobre las consecuencias del pecado y del juicio. Tal predicación superficial y no bíblica es muy diferente a la de la iglesia inicial; y también es muy diferente a la de toda generación que ha visto un gran despertamiento espiritual. Bajo tal predicación centrada en el hombre es aterradoramente fácil para las personas unirse a una iglesia sin experimentar la convicción fuerte que produce una conversión genuina (2 Co. 7:10). En muchas iglesias hay muy poca evidencia de algo que remotamente refleje una convicción profunda y tristeza santa que produzca arrepentimiento genuino y salvación.

(3) Por una gran parte del siglo pasado la membresía de la iglesia fue lo "popular," (aunque esto ha empezado a cambiar dramáticamente en los últimos veinte años).

Cuando hacerse miembro de una iglesia es la norma, puede ser fácil para las personas unirse sin una consagración personal profunda a Cristo. En muchas denominaciones, las personas se pueden unir a la iglesia casi sin pensar siquiera en una relación seria con Jesús. Demasiado a menudo ni siquiera se les pregunta en cuanto a su relación con Cristo.

Apéndices, Referencias bibliográficas

(4) Las iglesias generalmente no proveen asesoría bíblica eficaz a los que desean membresía.

En demasiados casos a los candidatos se les recibe instantáneamente simplemente "dando por sentado" que han nacido de nuevo. Por esto las iglesias estadounidenses tienen muchos miembros que se han unido a la iglesia, pero que nunca se unieron a Cristo. Sus nombres constan en una tarjeta de membresía, pero nadie jamás los ha guiado en una oración personal de arrepentimiento y fe en Cristo Jesús.

Considerando estos cuatro factores, usted puede ver lo fácil que es que las personas se unan a muchas iglesias sin haber sido salvadas. Al leer estos factores usted tal vez percibió que describían algo de su propia experiencia. En la sección que sigue he enumerado afirmaciones comunes de miembros de iglesias que más tarde han reconocido que estaban espiritualmente perdidos. Al tiempo de su decisión original, muchas de estas preciosas personas no tenían ni idea de que estaban haciendo una profesión falsa de fe. Solamente cuando en retrospectiva pudieron darse cuenta del por qué ellos habían tomado una decisión indebida. En oración considere si alguna de estas aseveraciones se aplica a usted.

Razones comunes para las falsas profesiones de fe

Presión de grupo: "Muchos de mis amigos lo hacían, así que lo hice principalmente para ser parte del grupo."
Expectativas de otros: "Mi familia y mis amigos querían que yo fuera salvado, así que me uní a la iglesia para complacerlo."
Razones Sociales: "Muchos de mis amigos eran miembros de la iglesia, así que me uní a ella para formar parte del grupo."
Comprensión inadecuada: "Cuando tomé mi decisión, no entendí realmente el evangelio. No entendía completamente mi dependencia total en la sangre de Cristo y su dádiva de la

salvación." (Pienso que todavía estoy tratando de "ganarme" la aceptación de Dios).

Dedicación insincera: "Cuando tomé mi decisión no tenía ningún sentido real de convicción o arrepentimiento. Aunque mi decisión fue superficial, no hubo cambio de señorío en mi vida."

Predicación superficial, centrada en el hombre: "En su mayoría oí predicación que era superficial y no evangelizadora. Nadie me explicó claramente el evangelio completo de Cristo, así que me uní a la iglesia simplemente porque pensé que debía hacerlo."

Consejos inadecuados al tomar la decisión: "Nadie me dio consejos bíblicos adecuados cuando tomé mi decisión. Nadie me guió en oración a un encuentro con Cristo que cambiara mi vida. Aunque me uní a la iglesia, nadie nunca me guió a elevar una oración de arrepentimiento para entregarme y poner mi fe en Jesús."

Por las declaraciones indicadas se ve claramente que las personas se unen a las iglesias por muchas razones, aparte de haber nacido de nuevo. Así que, ¿cómo puede usted saber si *su* decisión fue genuina? En realidad no es difícil porque la Biblia contiene indicaciones muy claras de una salvación verdadera.

Bajo el siguiente subtítulo examinaremos algunas señales bíblicas de una salvación verdadera. Sin embargo, a fin de mantener equilibrio, permítame decir que incluso los creyentes verdaderos tienen días cuando las señales no son tan evidentes. Ocasionalmente las personas realmente salvadas experimentarán tiempos en los que Dios parece distante. Realmente no es mi propósito tratar de asustar a los creyentes y que piensen que están perdidos; pero al mismo tiempo usted debe tomar muy en serio estos indicadores bíblicos. *De acuerdo a la Palabra de Dios los siguientes factores son reales y están presentes en las vidas de todos los que realmente han sido salvados.* Pídale a Dios que le dé discernimiento, mientras en oración examina su vida a la luz de la santa Palabra de Dios.

Indicadores bíblicos de la salvación

1. Los creyentes genuinos testifican de una relación real y personal con Cristo. *"Y esta es la vida eterna: que te conozcan a ti, el único Dios verdadero, y a Jesucristo, a quien has enviado"* (Jn. 17:3). La verdadera salvación es mucho más que creen mentalmente algunos datos "acerca" de Dios. Es en realidad "conocer" a Dios mediante una relación personal que cambia la vida. Lastimosamente muchos se quedarán fuera del cielo por algo así como cincuenta centímetros (la distancia entre el conocimiento intelectual y el conocimiento de corazón).

2. Las personas salvadas han experimentado una convicción genuina de pecado, y han confiado solo en Cristo para la vida eterna. *"Y cuando él venga, convencerá al mundo de pecado, de justicia y de juicio"* (Jn. 16:8). *"Porque por gracia sois salvos por medio de la fe; y esto no de vosotros, pues es don de Dios"* (Ef. 2:8).

   Nadie es salvado por el intelecto, ni tampoco nadie es salvado simplemente por estar en la iglesia, o entre creyentes. Nadie es salvado por ser buena persona. Usted necesita que el Espíritu Santo le haga sentir convicción personal de pecado y sentirse atraído a Cristo. Tiene que haber un momento cuando personalmente oró y confió en Cristo como su Señor y Salvador. Las personas salvadas pueden testificar de inmediato de esta realidad en sus vidas.

3. Los creyentes genuinos poseen una seguridad sobrenatural de que han sido salvados, y que sus pecados le han sido perdonados. *"El Espíritu mismo da testimonio a nuestro espíritu, de que somos hijos de Dios"* (Ro. 8:16). Esto no significa que usted nunca más va a tener alguna duda, pero sí significa que una paz persistente disipará cualquier duda momentánea.

4. Los hijos de Dios muestran un hambre por el crecimiento espiritual y un deseo fuerte de apartarse del pecado. *"Y todo aquel que tiene esta esperanza en él, se purifica a sí mismo, así como él es puro"* (1 Jn. 3:3). *"Todo aquel que es nacido de Dios, no practica el pecado, porque la simiente de Dios permanece en él; y no puede pecar, porque es nacido de Dios"* (1 Jn. 3:9).

   La Biblia describe la salvación como una experiencia que cambia la vida. En el ámbito físico, si algo está vivo tiene hambre y crece. Dicho en forma sencilla, si alguien puede vivir consistentemente en pecado sin sentir profunda tristeza y sin el castigo de Dios, no ha sido salvado. Cuando las personas salvadas participan expresamente en algún pecado, se sienten verdaderamente desdichadas.

5. Los creyentes genuinos perciben en sus vidas la presencia de Dios y oyen su voz. *"Mis ovejas oyen mi voz, y yo las conozco, y me siguen"* (Jn. 10:27). Ya que la salvación es una relación personal, los verdaderos creyentes regularmente oyen la voz de Cristo en sus vidas. Amigo, si Dios nunca le habla a su corazón, usted tiene razón para preocuparse profundamente. Si no tiene deseos de orar, y la Biblia tiene escaso sentido para usted, es muy posible que usted no conozca al Salvador Jesucristo.

6. Los verdaderos creyentes tienen amor por la iglesia y por el pueblo de Dios. *"Nosotros sabemos que hemos pasado de muerte a vida, en que amamos a los hermanos. El que no ama a su hermano, permanece en muerte"* (1 Jn. 3:14). Quizás la característica más grande de una persona salvada es un espíritu de amor y compasión. Si a usted consistentemente le falta el deseo de adorar y de estar con el pueblo de Dios, hay una razón muy fuerte para dudar de su salvación (1 Jn. 2:19).

7. La mayoría de las personas salvadas pueden describir un "antes y después" en términos de su salvación. *"De modo que si alguno está en Cristo, nueva criatura es; las cosas viejas pasaron; he aquí todas son hechas nuevas"* (2 Co. 5:17). En el caso de los niños pequeños, el sentido de la transformación de la vida tal vez no sea tan pronunciado; pero aun así, algunos cambios deben ser notorios. Nacer de nuevo es la más poderosa transformación de la experiencia humana. Dicho en forma sencilla, ¡es muy dudoso que las cosas viejas pasen y sean hechas nuevas sin que usted se dé cuenta!

Después de leer los indicadores bíblicos de salvación, usted tal vez perciba que ha sido salvado, pero todavía en ocasiones batalla con dudas molestas. ¿Hay otras fuentes de dudas además de las de estar perdido espiritualmente? La respuesta es que sí. Bajo el próximo subtítulo describiré brevemente tres posibles fuentes de duda. Nos referiremos a ellas una a la vez.

Tres posibles fuentes de duda

Si usted está sintiendo dudas acerca de su salvación hay por lo menos tres fuentes posibles.

De regreso a la santidad

(1) Usted puede haber sido realmente salvado, pero se ha enfriado y se ha descarriado. Es posible que nadie nunca le discipuló o enseñó cómo andar diariamente en el poder del Espíritu. Como resultado usted puede haber experimentado un crecimiento espiritual mínimo, y está viviendo en un estado permanente de apagar al Espíritu de Dios. Si usted apaga y entristece al Espíritu de Dios en su vida, ciertamente carece de la llenura de su Espíritu, y a menudo no percibirá la presencia de Dios. Es posible que usted haya sido salvado pero tiene necesidad de la limpieza y obra del Espíritu Santo. Si ese es su caso, el trabajar en este recurso producirá un remedio glorioso para sus dudas.

(2) Usted puede haber sido salvado, pero Satanás constantemente le está acusando y causando dudas en usted (Ap. 12:10). Si Satanás logra mantenerlo dudando, su crecimiento espiritual se marchitará y su servicio a Cristo será limitado. Quizás sea salvado, pero sencillamente necesita aprender cómo apoyarse en las promesas de Dios, y resistir al enemigo eficazmente. ¡Nuestra batalla espiritual es definitivamente real! Más adelante le daré una estrategia eficaz para vencer este tipo de opresión espiritual.

(3) Usted ciertamente puede ser uno de los miles de miembros perdidos de las iglesias que hicieron una profesión de fe que no fue real. En la mayoría de los casos esto fue totalmente sin proponérselo. Usted no se propuso hacer una falsa profesión de fe; pero por un sin número de razones usted piensa que lo hizo. Recientemente he visto a varios diáconos, maestros e incluso pastores que se han convencido de esto, y han sido salvados. En cada caso ellos llegaron a la gloriosa seguridad y a una vida cambiada. Amigo mío, ¡usted lo puede hacer también!

Apéndices, Referencias bibliográficas
Entonces, ¿cómo puedo tener seguridad perfecta?

Le pido que separe los próximos momentos y que verdaderamente se quede totalmente quieto ante Dios. Aprópiese de la promesa maravillosa de Dios que se encuentran en Santiago 4.8 *"Acercaos a Dios, y él se acercará a vosotros. Pecadores, limpiad las manos; y vosotros los de doble ánimo, purificad vuestros corazones."*

Conforme se acerca, a propósito centre sus pensamientos en Dios, quien con certeza está con usted en este mismo momento. Reflexione en la gloriosa realidad de que Dios quiere que usted sea salvado y tenga seguridad, incluso más de lo que usted lo desea.

Ahora necesita la sabiduría de Dios en cuanto a la fuente de sus dudas. Usted debe *saber* con certeza en dónde está con él. Haga una pausa en oración y aprópiese de la siguiente promesa de sabiduría. *"Y si alguno de vosotros tiene falta de sabiduría, pídala a Dios, el cual da a todos abundantemente y sin reproche, y **le será** dada"* (Stg. 1:5).

Ahora retroceda y en oración lea los siete indicadores de una salvación real. Si muy dentro de su corazón reconoce que ha sido salvado, pero que simplemente ha perdido la llenura de Dios, entonces agradézcale a él por su salvación. Luego debe volver a la página 1 y recorrer todas las citas bíblicas de este recurso. A medida que confiesa sus pecados y se apropia de la llenura de Dios, usted redescubrirá el gozo de su salvación. ¡Sus dudas se desvanecerán a medida que se va llenando del Espíritu de Dios! (También le sugiero que lea "La ilustración de la estaca de madera," en la página 99).

Si en lo profundo de su corazón usted percibe que en realidad nunca ha sido salvado, entonces agradézcale a Dios por haberle abierto los ojos. No es por accidente que usted está leyendo este capítulo. ¡Dios le ha hablado con el único propósito de que usted pueda ser salvado ahora mismo! Es tiempo de que todas sus dudas desaparezcan.

De regreso a la santidad

Amigo mío, usted hallará paz cuando aprenda a confiar en la palabra infalible de Dios, y no en sus propios sentimientos. Su salvación no depende de sus sentimientos, sino del infalible poder de Cristo. Ya que la salvación depende de la propia palabra de Dios, cuidadosamente lea las siguientes citas bíblicas.

1. **Dios le ama y quiere que sea salvado.** Juan 3:16: *"Porque de tal manera amó Dios al mundo, que ha dado a su Hijo unigénito, para que todo aquel que en él cree, no se pierda, mas tenga vida eterna."* Querido lector, ponga su nombre en ese versículo. Ponga su nombre en el lugar de las palabras *mundo* y *todo aquel*. Ahora quiero que lea ese versículo con su nombre. Léalo despacio incluyendo su nombre. Léalo en voz alta por lo menos tres veces.
2. **Dios mismo le está dando el deseo de venir a Jesús.** Juan 6:44a: *"Ninguno puede venir a mí, si el Padre que me envió no le trajere."* El mismo hecho de que usted esté leyendo este libro y tenga un deseo profundo de conocer a Cristo es prueba clara de que Dios le está guiando a Jesús. Si usted realmente desea ser salvado, ¡puede estar seguro de que Dios le dio ese deseo y que lo recibirá!
3. **Jesús recibe a todo aquel que sinceramente le busca.** Juan 6:37: *"Todo lo que el Padre me da, vendrá a mí; y al que a mí viene, no le echo fuera."* Por favor, preste atención a la seguridad de la promesa de Jesús de recibirle en este mismo instante. Él está diciendo en esencia: "De ninguna manera rechazaré a alguien que sinceramente venga a mí." De acuerdo a su infalible promesa Jesús promete contestar su oración por salvación.
4. **Usted debe recibir la vida eterna como dádiva de la gracia de Dios.** Romanos 6:23: *"Porque la paga del*

pecado es muerte, mas la dádiva de Dios es vida eterna en Cristo Jesús Señor nuestro."
Efesios 2:8: *"Porque por gracia sois salvos por medio de la fe; y esto no de vosotros, pues es don de Dios."* La salvación es una dádiva que jamás se puede ganar o merecer. Recibimos la vida eterna simplemente al tener fe como un niño, y no por esfuerzos humanos para ser buenos. *"Todas nuestras justicias [son] como trapo de inmundicia"* (Is. 64:6).

5. **Jesús tomó toda su culpa y pagó por ella.** Isaías 53:6: *"Todos nosotros nos descarriamos como ovejas, cada cual se apartó por su camino; mas Jehová cargó en él el pecado de todos nosotros."* y Romanos 5:8: *"Mas Dios muestra su amor para con nosotros, en que siendo aún pecadores, Cristo murió por nosotros."* Amigo mío, Dios tomó todos sus pecados y los puso sobre Jesús. Él tomó la pena completa y la muerte por todos los pecados suyos (pasados, presentes y futuros). ¡Si usted recibe el perdón de Jesús, no queda absolutamente nada por lo cual Dios le pudiera condenar!

6. **Dios le dará un corazón nuevo y la gracia para cambiar.** 2 Corintios 5:17: *"De modo que si alguno está en Cristo, nueva criatura es; las cosas viejas pasaron; he aquí todas son hechas nuevas."* Usted no tiene que estar pensando: "¿Puedo yo cambiar?" Es Dios quien le cambia, y no usted a sí mismo.

7. **Debe estar dispuesto a arrepentirse de su pecado y entregarle su vida a Cristo.** Lucas 13:3: "Os digo: No; antes si no os arrepentís, todos pereceréis igualmente." Quiero recalcar que el arrepentimiento no es un esfuerzo humano que *gana* la salvación; porque somos salvados por gracia por medio de la fe sola. La salvación es por gracia y no por obras (Ro. 9:11). Sin embargo, cuando usted tiene una fe que salva, esto significa que usted reconoce el señorío de Jesús, y está dispuesto a rendirse a

la dirección de él. Usted está dispuesto (dependiendo de la ayuda de Jesús) a transferirle su vida a él para que él la posea.

Esto no quiere decir que usted, de alguna manera, llegará a ser perfecto y que jamás volverá a pecar, pero sí significa una profunda disposición a dejar los pecados conocidos y a seguir a Cristo. La salvación es una entrega profunda de su vida a Jesús, y no un boleto barato al cielo y licencia para pecar. Pero, amigo, sin que importe cuán débil se sienta, si viene a Jesús, ¡usted recibirá la gracia para cambiar! (Jn. 1:12: *"Mas a todos los que le recibieron, a los que creen en su nombre, les dio potestad de ser hechos hijos de Dios"*). Cuando usted recibe a Cristo, ¡recibe el poder para cambiar!

Si usted cree las siete cosas mencionadas, por favor, lea las siguientes declaraciones y ponga una marca en el recuadro junto a cada afirmación.

☐ Creo que Jesucristo es el Hijo unigénito de Dios y que murió por los pecados del mundo.
☐ Creo que Dios me ama y que dio a su Hijo para demostrarlo.
☐ Creo que Cristo llevó sobre sí todos mis pecados, y murió como sacrificio para pagar por mi culpa.
☐ Creo que si le pido a Jesús que me perdone y me salve, él contestará mi oración.
☐ Creo que el Espíritu de Dios me ha abierto los ojos y me está atrayendo a la salvación verdadera.
☐ Por la gracia de Dios obrando en mí ahora estoy dispuesto a arrepentirme y dejar mis pecados y entregarme al señorío de Cristo.
☐ Estoy dispuesto ahora mismo a confiar en Jesús como mi Salvador personal y Señor.

Apéndices, Referencias bibliográficas

Querido Amigo, si usted marcó todas las declaraciones anteriores, entonces nada ni nadie puede detenerlo de ser salvado ahora mismo. Voy a pedirle que eleve la siguiente oración. Le animo a que se detenga después de cada frase y permita que penetre en usted. Tal vez quiera repetir una frase para martillar su sinceridad. De corazón dígale a Dios estas palabras u otras similares. Recuerde, ¡él *oirá* su oración!

"Dios: Sé que soy pecador y merezco la muerte eterna y el infierno. Sé que no puedo hacer nada para salvarme yo mismo; pero creo que me amas y que diste a tu Hijo unigénito para salvarme. Me arrepiento genuinamente de mis pecados. Por tu gracia y con tu ayuda ahora dejo atrás todos mis pecados. Jesús: Por favor perdóname y ven a mi corazón ahora mismo. Confío en ti como Salvador y Señor de mi vida. Ahora y para siempre me entrego a ti y te seguiré. Ayúdame a vivir para ti y servirte cada día. Gracias por cumplir tu promesa. Gracias por perdonar todos mis pecados. Gracias por hacerme dejar atrás mis pecados. Gracias por darme vida eterna. Te lo pido en el poderoso nombre de Jesús, amén"

Fecha y hora en que elevó esta oración: _____

Firma: _____

Querido lector: Si usted elevó esta oración sinceramente, por la autoridad de la propia promesa de Dios, **¡Dios le oyó!** (Ro. 10:13: *"Porque todo aquel que invocare el nombre del Señor, será salvo."*) No se preocupe demasiado por lo que sienta o no sienta. Somos salvados por fe *en Jesús,* y no por fe en nuestros sentimientos.

Le animo a que anote la fecha y ponga su firma anotando la hora en que elevó esta oración de entrega de su vida a Cristo. Su firma llegará a ser un punto poderoso de fe cuando en el futuro Satanás le susurre dudas. La siguiente ilustración le dará una poderosa estrategia para vencer las acusaciones o dudas futuras.

Ilustración de la estaca

Había una vez un creyente que al que las duda en cuanto a su salvación no lo dejaban. El hombre pensaba que había sido salvado, pero esas terribles dudas simplemente insistían en volver.

Un día Dios le dio una idea que cambió su vida por completo. Tomó una gran estaca y llevando su Biblia se fue detrás de su casa. Abrió la Biblia a las promesas de Juan 3:16 y Romanos 10:13. Entonces se arrodilló y elevó una oración pidiendo salvación. Le dijo a Dios que estaba apropiándose de su promesa de vida eterna. Le pidió a Jesús que sea su Salvador y Señor. Después de haber elevado esta sencilla oración de todo corazón, hundió la estaca bien hondo en la tierra, dejando visible solo un pedazo del extremo superior.

Desde ese día en adelante, cuando tropezaba o tenía dudas, se iba directamente al lugar donde estaba la vieja estaca y decía estas palabras: *"¡Ahí junto a esa estaca, sé que invoqué el nombre del Señor, y como Dios no miente, yo sé que él me oyó y que soy su hijo!"* Luego decía: *"¡Satanás, eres un mentiroso y en el nombre de Jesús, te ordeno que huyas!"* Muy pronto Satanás dejó de susurrarle dudas acerca de su salvación. El hombre aprendió a confiar en la palabra de Dios, y no en sus propios sentimientos y comportamiento. **Querido amigo, ¡su oración y firma en la página anterior ¡es su "estaca" de fe!**

¿Puede ver ahora la gloriosa clave? Estamos firmes en la sangre *de Jesucristo* y en su justicia, y no en la nuestra. Confiamos en la promesa *de Dios,* no en nuestros sentimientos o desempeño. Confiamos en la poderosa gracia *de Dios* para salvarnos y guardarnos, y no en nuestra capacidad para merecerlo. Confiamos en la ilimitada fidelidad de Dios para

Apéndices, Referencias bibliográficas

nosotros, y no en nuestra imperfecta fidelidad hacia él. ¿Lo ve, querido amigo? Su seguridad está en una gracia que es mayor que *todos* sus pecados. Así que, siga adelante, hijo de Dios, **¡descanse en Él!** Y grite desde el techo de su casa: ¡Yo sé que soy salvo! ¡Soy hijo de Dios para siempre!

Y ahora, ¿qué hago?

Jesucristo dijo que tenemos que confesarle delante de los hombres (Mr. 8:38). Es vital que usted les cuente a otros la decisión que acaba de tomar. Especialmente le insto a que se lo diga a su pastor. También le insto a que vuelva a leer el Capítulo Uno y comience a realizar los ejercicios que le indica la guía de confesión que se encuentra en este libro. Haciendo esto usted aprenderá a crecer y a andar en la llenura del Espíritu Santo.

Su pastor también le proveerá material que le ayudará en su crecimiento como nuevo creyente. A esta altura muchos tal vez pregunten: *"¿Debo volver a bautizarme?"* Otra vez, su pastor le dará la dirección principal. Sin embargo, quiero indicarle algunos principios sencillos que he encontrado que son útiles. *Si usted percibe fuertemente que no había sido salvado cuando fue bautizado previamente, entonces el bautismo es definitivamente apropiado.* Es esencial que no permita que el orgullo le prive de confesar y ser bautizado. (¡He observado muy a menudo que la profesión pública de fe de alguna persona, hace que muchos otros miembros de la iglesia que no han sido salvados sientan convicción y sean salvados!).

Sin embargo, si usted piensa que realmente fue salvado anteriormente y que simplemente elevó su oración para "clavar la estaca de seguridad," entonces el bautismo no es necesario. (Aunque debe contar a la congregación su nueva seguridad). En cualquier caso, le insto firmemente que hable con su pastor.

De regreso a la santidad

Ahora, viva su vida en la hermosa paz de que nada puede separarlo de Cristo (Ro. 8:39).

Apéndice B
Cómo conducir servicios solemnes en la iglesia y en otros énfasis de avivamiento

Al presente siento gran aliento al ver un creciente interés en la limpieza espiritual profunda y servicios bíblicos solemnes. Aunque hay que admitir que es una diminuta minoría la que seriamente busca la santidad, ¡es una minoría que está creciendo rápidamente! Esto es una gran esperanza porque la santidad, pureza y profundo arrepentimiento deben preceder al genuino avivamiento.

En verdad, podemos reunir públicos muy numerosos y orar hasta que nos falte la respiración, pero sin un profundo arrepentimiento no veremos ningún despertamiento avasallador. *La oración es poderosa sólo si procede de personas con corazones limpiados profundamente* (Salmos 66:18; Isaías 59:1-2; Santiago 5:16). Podemos continuar preparando métodos agresivos de evangelización, pero sin testigos e intercesores limpios y llenos del Espíritu, no veremos las explosiones evangelizadoras arrolladoras de siglos pasados.

Sin embargo, por la gracia de Dios ¡un número creciente de creyentes están volviendo a despertarse a la necesidad esencial y absoluta de profunda limpieza y santidad! Más y más pastores están diciendo: "No vamos a programar reuniones de avivamiento y entonces no guiar nuestra gente en una preparación espiritual cabal." Otros más están diciendo: "Debemos hacer más que simplemente apropiarnos de estrategias altamente organizadas; debemos *combinar* estos esfuerzos con profunda limpieza, oración ferviente y arrepentimiento." De hecho, ¡un nuevo día está amaneciendo y sólo Dios puede explicar el hambre creciente de santidad!

Hoy, entre las peticiones más comunes que recibo vienen las de dirigentes de iglesia que preguntan: *"¿Cómo podemos dirigir a nuestra congregación a un verdadero arrepentimiento y avivamiento? ¿Cómo podemos celebrar énfasis efectivos de*

De regreso a la santidad

limpieza y reunión solemne?" En este Apéndice trazo planes generales para cinco modelos de limpieza individual y a nivel de iglesia.

En la Biblia vemos algunas variaciones bíblicas de asambleas solemnes. En el Antiguo Testamento las asambleas solemnes variaban en duración de un día a catorce días.[13]

Es más, las asambleas solemnes son tiempos para que los creyentes reconozcan el justo juicio de Dios sobre su pueblo (o la nación). Es tiempo de reconocer nuestra necesidad desesperada de volver a Dios buscando su perdón, misericordia o dirección especial.[14] Las asambleas solemnes no son un programa casual o novelero. Son tiempos para encarar el hecho de que hemos ofendido a Dios y perdido su plena bendición y protección.

Puesto que las asambleas solemnes y otros énfasis de limpieza son el modelo claro de la Biblia y de los grandes despertamientos, ¿por qué peregrina razón hemos pensado que podríamos abandonarlos? Sin embargo, ¡en verdad hemos hecho precisamente eso! ¿En realidad pensábamos que nuestras organizaciones, programas y estrategias podrían de alguna manera reemplazar los modelos eternos de Dios de profundo arrepentimiento y limpieza? Sea lo que sea que hayamos pensado, la iglesia (y la nación entera) ha pagado un devastador precio espiritual y social. Nuestra nación ahora se halla al mismo borde del juicio catastrófico de Dios. Sin embargo, muchos corazones están despertándose a una nueva pasión por santidad delante de Dios.

En este punto debo dar a los lectores una fuerte palabra de aliento. ¡No se deje abrumar por lo que lee en los modelos uno y dos! Los primeros dos modelos son los más intensos y no toda iglesia está lista para una reunión así. Sin embargo, los modelos tres, cuatro o cinco son posibilidades para casi cualquier iglesia. Así que, por favor, al leer los modelos uno y dos no se dé por vencido en cuanto a la limpieza para su iglesia. Aunque los modelos tres a cinco no son asambleas solemnes completas, ¡su iglesia puede recibir un impacto inmensurable mediante estos pasos básicos de limpieza! Prácticamente cualquier iglesia puede apropiarse de los modelos tres, cuatro o cinco.

Aunque este Apéndice trata principalmente de asambleas solemnes y reuniones de avivamiento para creyentes, esto de ninguna manera resta importancia al llamamiento especial de evangelistas vocacionales. *De hecho, muchos evangelistas pueden en realidad prepararse para cruzadas al dirigir a la iglesia en una asamblea solemne antes de que la campaña siquiera empiece.* En verdad, nuestros evangelistas pudieran ser usados poderosamente para dirigir a muchas iglesias en asambleas solemnes de limpieza tanto como de evangelización.

Modelo uno
Un servicio solemne por la noche
(Con dos semanas de preparación individual)

Aunque este modelo técnicamente no se ajusta al modelo de todo el día de algunas de las asambleas del Antiguo Testamento, pienso que con todo se puede hacer conforme a los principios bíblicos de profunda confesión y arrepentimiento. Es más, las dos semanas de preparación individual añaden un nivel muy profundo en el que los individuos son expuestos a la Biblia. Bosquejo este proceso en doce pasos.

1. *Antes de convocar a la asamblea solemne, el pastor y otros ministros (o los diáconos) deben orar fervientemente en cuanto a si una asamblea así es la voluntad de Dios en ese tiempo.* ¡Fuertemente sugiero que los ministros trabajen utilizando las guías de limpieza bíblica antes de intentar dirigir a la congregación! Si el arrepentimiento no empieza primero en los dirigentes, ¿cómo pueden dirigir al pueblo de Dios a la limpieza? ¡En verdad, no pueden!

De regreso a la santidad

2. *Desde el momento en que se anuncia por primera vez la asamblea solemne hasta que concluye, los dirigentes de la iglesia deben pasar mucho tiempo orando para que la congregación tome esto muy en serio.* ¡El genuino arrepentimiento y las asambleas solemnes jamás pueden programarse! A menos que Dios derrame poderosamente su Espíritu, no se experimentará verdadera limpieza y arrepentimiento. Es más, en realidad ofende a Dios si se realizan las asambleas solemnes como programas al descuido o simplemente como otro esfuerzo promocional (ver Isaías 1:10-15). **Sin embargo, ¡no titubee mucho para convocar a una asamblea!** Si usted ora pidiendo sinceridad, Dios con certeza la suplirá con misericordia y poder.

3. *El pastor y los dirigentes de la iglesia deben promover por lo menos dos semanas de un período de limpieza como la prioridad máxima a nivel de iglesia.* Los dirigentes de la iglesia deben empezar informando a la congregación por lo menos con un mes de anticipación antes del período de dos semanas de limpieza. Durante el período previo a la limpieza la iglesia debe estar plenamente informada del *propósito* específico y los resultados que se esperan del énfasis. Es vital que se comunique lo que se espera de cada miembro de la iglesia. (Se debe recalcar fuertemente que todo miembro debe utilizar con ferviente oración el recurso de limpieza).

4. *Escoja una noche en particular para la asamblea solemne y empiece el material de preparación espiritual individual por lo menos dos semanas antes de la asamblea por la noche.* He hallado que el sábado o domingo por la noche es lo más eficaz. Mi preferencia más fuerte es el domingo por la noche.

5. *Reparta una guía detallada de limpieza a todos los miembros activos (de adolescentes hasta adultos).* Permita que los padres decidan si sus hijos mayores deben recibir el

material. Algunas iglesias incluso eligen repartir el material a miembros inactivos. (En muchos casos Dios puede usar los pasajes bíblicos de preparación para llevar a los miembros inactivos a un profundo arrepentimiento). Al escoger una guía de limpieza para su congregación le animo a buscar una que sea *exhaustiva*. Bien puede escoger este recurso o examinar algunos de los que se mencionan más adelante en este libro. En este recurso a propósito hemos hecho todo el proceso con empresas totalmente sin fines de lucro de modo de poder ofrecerlo a un precio que cualquier iglesia pueda costear.

6. *Anime fuertemente a su gente a orar usando todo el recurso antes de la asamblea solemne.* Promueva fuertemente la asamblea solemne por todo medio posible (cartas, cartas circulares, boletines, anuncios en todos los servicios, etc.). A menos que usted haga de esto un énfasis gigantesco y constante, su gente no trabajará en toda la guía de preparación espiritual. Ellos deben ver que esto *no* es simplemente otro programa.

7. *Inste a la gente a arrepentirse activamente de los pecados que Dios le revele mediante los pasajes bíblicos señalados en la guía de limpieza.* Anímelos a buscar a las personas que pueden haber ofendido y a hacer cualquier confesión pública que Dios les requiera. (No tienen que esperar hasta la noche de la asamblea solemne). La obediencia debe comenzar en el momento en que Dios habla. Inste a la gente a usar mucha cautela para no apagar al Espíritu Santo.

8. *Enfoque de manera especial la consideración de pecados corporativos de la iglesia.* El corazón de una asamblea bíblica solemne es la confesión y el dejar a un lado los pecados corporativos (tanto como los individuales). Sugiero que el pastor y varios dirigentes de la iglesia preparen una lista de pecados corporativos para confesión. Unos pocos ejemplos de pecados corporativos típicos son:

De regreso a la santidad

   a. Acomodos con el pecado y el no declarar la plena verdad de Dios; Apocalipsis 2:14-15.
   b. Desunión y peleas (falta de compañerismo); 1 Corintios 1:10.
   c. Tolerar inmoralidad en el liderazgo y los miembros; 1 Corintios 5:1-2.
   d. alta de oración como prioridad máxima; Mateo 21:13.
   e. Falta de evangelización y misiones; Mateo 28:19-20.
   f. Infidelidad financiera a Dios (ofrendas mezquinas); Malaquías 3:8-10.
   g. Orgullo y competencia contra otras iglesias; Marcos 9:38-41.
   h. No cuidar a los enfermos, afligidos y ancianos; Santiago 1:27.
   i. Tibieza y complacencia; Apocalipsis 2:4; 3:15.

9. *Los dirigentes deben estar dispuestos a confesar y dejar las cosas específicas en que han fallado.* Si los miembros ven que sus líderes toman en serio la obediencia renovada, eso hará un impacto principal en el cuerpo de la iglesia. Obviamente, los líderes deben usar gran sabiduría, puesto que sería totalmente inapropiado revelar públicamente algunos pecados.

10. *Anime a la gente a ayunar una comida cada día y si es posible dedicar ese tiempo a la limpieza y la oración.* Aunque no se debe exigir legalistamente el ayuno, sí se debe estimular el ayuno sincero cómo norma bíblica. Algunos miembros se sentirán guiados a practicar ayunos más extensos. Los líderes deben definitivamente llamar a su congregación a ayunar y deben estar dispuestos a poner el ejemplo (Joel 2:12-16).

11. *Para la noche del servicio solemne cancele todas las demás actividades y dedique por lo menos de dos a cuatro horas para la reunión.* Se debe animar fuertemente a toda la congregación a que asista. Para este acontecimiento tal

vez usted tenga que alterar el horario, de modo de empezar a las cuatro o cinco de la tarde a fin de permitir una reunión más significativa y abierta con Dios. Las verdaderas asambleas solemnes ¡no son eventos breves y altamente publicitados! Programe y promueva esta reunión de manera que el tiempo *no* sea un factor. (Conforme el Espíritu de Dios se mueve, sé que tales reuniones por la noche fácilmente pueden durar por cuatro horas o más).

12. *Prepare con mucha oración el formato y liderazgo para la reunión en sí.* No puedo recalcar demasiado la importancia de que los dirigentes de la asamblea estén totalmente limpios delante de Dios. Si el pastor está preparado espiritualmente, por lo general es mejor que él dirija a la congregación. Sin embargo, también se puede considerar tener un líder invitado para que dirija la reunión (aunque esto por cierto no es exigencia). Si en efecto usted invita a otro dirigente, asegúrese de buscar a alguien que sea genuinamente llamado y tenga experiencia en dirigir la asamblea solemne.

En la próxima sección doy sugerencias generales para dirigir la asamblea por la noche. Aunque no hay un modelo detallado fijo, algunos principios básicos son perennes.

Formato de muestra para un servicio solemne por la noche

Quiero martillar que no hay ninguna fórmula mágica que se deba seguir a pie juntillas. Estos eventos nunca deben estar programados tan rígidamente que se pierda la sensibilidad a la dirección de Dios. Sin embargo, dos elementos son perennes y ordenados por Dios.

Los dos principales elementos son (1) *exposición significativa a pasajes bíblicos estratégicos,* y (2) *tiempo significativo dedicado a oraciones de confesión y arrepentimiento.* Sugiero que la mayor parte del tiempo se dedique a las oraciones de arrepentimiento personal y corporativo.

A principios de abril del 2000 dirigí una asamblea solemne por la noche un domingo en la iglesia First Baptist Church de Houston, Texas. La iglesia siguió de cerca muchos de los pasos que he bosquejado para este tipo de reunión. Debido a la intensa preparación previa y exposición a una guía detallada de limpieza, la gente de la iglesia ya estaba bajo un profundo sentido de convicción antes de que empezara el servicio solemne. (La falta de preparación congregacional es la principal razón por la que algunas asambleas solemnes tienen resultados limitados).

El bosquejo que sigue es el modelo general que usamos en la iglesia First Baptist de Houston. Fue realmente una experiencia impresionante de limpieza, oración y arrepentimiento. ¡Sólo Dios puede explicar lo que sucedió! Por favor, tenga presente que el bosquejo que sigue es sólo un modelo general y no se debe sujetarlo rígidamente a un marco de tiempo.

I. Preparación bíblica y adoración
5:30-6:00 — Preludio instrumental de adoración (durante este tiempo se anima a la congregación a permanecer sentada en oración, reflexión y preparación espiritual para reunirse con Dios).
6:00 — Solo **Himno: Creemos**
6:05-6:30 — Oración corporativa. Preparación espiritual. Oración unida de acuerdo. * Durante este período el Dr. Frizzell puso un cimiento bíblico histórico para la noche de limpieza y rendición a Dios. 2 Crónicas 7:14, Oseas 10:12 y Joel 2:12-14 fueron puntos primarios del enfoque. El mensaje estuvo balanceado entre gran urgencia y esperanza en la misericordia y poder de Dios. * El Dr. Frizzell dirigió a la congregación en oraciones corporativas unidas con un enfoque

bíblico específico. Durante las oraciones la congregación bien sea se tomó de las manos o se arrodilló ante el altar.
6:30-6:40 — Oraciones de alabanza y adoración en grupos pequeños (la congregación se divide en grupos pequeños).
6:40-6:45 — Oración corporativa de alabanza y adoración reverente.

II. Confesión, oración y arrepentimiento
6:45 — Preparación bíblica para confesión y limpieza
* El Dr. Frizzell expuso la importancia bíblica de limpieza y arrepentimiento totales (Salmos 66:18; Isaías 59:1-2; Santiago 5:16).
7:00 — Solo **Himno: Quebrantado y derramado**
7:05 — Pasajes bíblicos en cuanto a limpiar los pensamientos y actitudes.
7:15 — Oraciones de confesión y arrepentimiento en grupos pequeños.
7:35 — Oraciones corporativas de confesión y arrepentimiento.
7:45 — Pasajes bíblicos en cuanto a pecados de relaciones personales.
8:00 — Oraciones de confesión y arrepentimiento en grupos pequeños y ante el altar.
8:20 — Oraciones corporativas de confesión de pecados de relaciones personales.
8:30 — Pasajes bíblicos en cuanto a pecados de comisión y omisión.
8:45 — Oraciones en grupos pequeños de confesión y arrepentimiento por pecados de comisión y omisión.
9:05 — Oraciones corporativas de confesión y arrepentimiento congregacionales.

III. Adoración y alabanza por la limpieza que Dios ha dado
9:15 — Pasajes bíblicos de misericordia prometida
9:20 — Celebración de la venida del Señor; Solo: himno : **Clamor a medianoche**

De regreso a la santidad

9:25 — Oraciones congregacionales de acuerdo enfocado y nueva dedicación a la obediencia.

9:35-9:45 — Oraciones corporativas finales de dedicación, arrepentimiento y celebración de respuestas. (Todos de pie o algunos arrodillados alrededor del altar).

Aunque este bosquejo es muy general, da alguna idea del flujo y poder de una reunión así. La preparación espiritual de los dirigentes y preparación congregacional previa son los elementos *cruciales* para una noche exitosa de limpieza y arrepentimiento. Recalco de nuevo que de ninguna manera estuvimos atados a las horas mencionadas. Para mayores detalles de este y otros formatos de asambleas solemnes, póngase en contacto con él Dr. Frizzell. Se indica la dirección más adelante en este recurso.

Modelo dos
Un servicio solemne durante todo el día
(Con dos semanas de preparación individual)

Este modelo sigue de cerca los doce pasos que bosquejé para el Modelo uno. La principal diferencia es que la asamblea solemne se realiza durante todo el día. Esto encaja con la definición técnica de un tipo de asamblea mencionada en el Antiguo Testamento (2 Crónicas 7:8-9).

Como en todos los modelos, insto un período significativo de preparación congregacional varios días antes en la reunión en sí. En una asamblea solemne de todo el día hay más tiempo, lo que permite gran flexibilidad en el formato. En todos los modelos hallé extremadamente útil lidiar con los pecados por categorías. De esta manera se trata completamente con un aspecto antes de pasar al siguiente. Esto es mucho mejor que saltar de categoría a categoría de una manera desconectada. Para las asambleas de todo el día por lo general hallo que el sábado es el mejor día.

Apéndices, Referencias bibliográficas

Formato de muestra para un servicio solemne durante todo el día

Preparación personal
8:30 a.m. — *Llegada y preparación en silencio.* La gente debe llegar a las 8:30 a.m. y calladamente tomar asiento en el santuario (o dondequiera que se celebre la reunión). En este tipo de preparación en oración, los participantes deben volver a leer algunos de los pasajes bíblicos mediante los cuales Dios les habló durante los días previos de preparación. (Deben traer sus guías de limpieza). Durante este tiempo los participantes reflexionan en la palabra de Dios y oran por el derramamiento del Espíritu de Dios.

9:00 a.m. — **Adoración y preparación bíblica congregacional**
9:00-9:15 — El pastor lee y explica brevemente pasajes bíblicos clave que determinan el propósito del día (2 Crónicas 7:14, Oseas 10:12, Joel 2:12-14). El pastor explica los propósitos singulares para la asamblea en esa congregación en particular. Él determina el tono y la atmósfera.
9:15-9:30 a.m. — Dirija a la congregación en adoración reverente que magnifica la asombrosa santidad y majestad de Dios. (Participan los ministros de adoración). El pastor entonces dirige a la congregación en un período de oración en grupos pequeños y corporativa pidiendo la presencia de Dios, convicción, y poder todo el día. La gente puede estar de pie y tomarse de las manos, o arrodillarse ante el altar durante esta oración que pide la presencia de Dios.

Categoría uno: "Pecados de actitud y pensamiento"
9:30-10:00 a.m. — El pastor (o el dirigente designado) presenta un fuerte mensaje bíblico relativo a los pecados particulares en esta categoría. Puede hacerlo en forma de sermón o simplemente leyendo y explicando secciones clave de

De regreso a la santidad

la guía de limpieza. (Este recurso está diseñado para un uso así). El propósito es martillar la seriedad de estos pecados individuales y corporativos. Sea exhaustivo al considerar muchos de los pecados en esta categoría.

10:00-10:30 a.m. — El pastor pide a la congregación que se divida en grupos pequeños de oración, y que oren unos por otros en puntos clave que Dios les haya revelado. Este período es para oraciones de confesión y oraciones de arrepentimiento relativas a pensamientos y actitudes. (En todas las categorías, anime a la gente a hablar con otros con quienes pueden haber tenido problemas).

10:30-10:45 a.m. — El pastor (y otros) dirigen oraciones corporativas pidiendo el perdón de Dios y liberación de los pecados de actitud y pensamiento corporativos (o a nivel de iglesia). Se puede pedir que la gente se tome las manos o se arrodille ante el altar durante este período de oración corporativa.

10:45-11:00 a.m. — Receso para tomar agua e ir al baño. (Anime fuertemente a la gente a volver antes de las 11:00 a.m. y que mantengan la conversación al mínimo).

Categoría dos: "Pecados del habla"

11:00-11:30 a.m. — El pastor presenta un fuerte enfoque sobre los pasajes bíblicos en particular relativos a los pecados del habla. Bien puede usar un sermón o explicar varios pasajes clave de esa categoría. Trata de martillar la realidad y seriedad de los pecados del habla individuales y corporativos.

11:30-12:00 mediodía — El pastor divide a la congregación en grupos pequeños para orar unos por otros en los puntos clave que Dios les haya revelado. Este período es para confesión y arrepentimiento relativos a los pecados del habla. (Se debe animar a la gente a arreglar cuentas unos con otros).

12:00-12:15 p.m. — El pastor y otros dirigentes guían a la congregación en oraciones corporativas de confesión y arrepentimiento por los pecados del habla a nivel de iglesia.

(Se puede animar a la gente a tomarse de las manos o arrodillarse ante el altar durante este período de oración corporativa).

12:15-1:30 p.m. — Receso y tiempo de oración personal. Sugiero que durante este receso se anime a la gente a ayunar y dedicar ese tiempo a la reflexión privada u oración en grupos pequeños. Algunos tal vez quieran reposar en silencio. Por cierto que el ayuno no es exigencia y se debe tener disponibles refrigerios ligeros y jugos. Para los que comen, ínsteles a tomar solamente como treinta minutos. Pídales que pasen el resto del tiempo leyendo la próxima categoría de pasajes bíblicos o que usen el tiempo para orar. Un día de asamblea solemne debe ser diferente de toda otra reunión regular de la iglesia. Permita que el espíritu de reflexión y reverencia caracterice el receso al mediodía por igual. Este día no es para la conversación jovial durante el almuerzo. (Esto podría estorbar a los que están usando el tiempo para reflexionar seriamente y orar).

Categoría tres: "Pecados de relaciones personales"
1:30-2:15 p.m. — El pastor o el dirigente designado presenta un enfoque fuerte sobre los pasajes bíblicos en esta categoría de pecados. Puede usar una forma de sermón o énfasis fuerte de varios pasajes clave. Martilla la presencia y seriedad de los pecados específicos de relaciones personales.

2:15-2:45 p.m. — La congregación se divide en grupos pequeños para oraciones intensas de confesión y arrepentimiento. En esta sesión es de importancia especial pedir a las familias que oren juntas. En cualquier caso, se debe animar fuertemente a las personas a buscar a otros con quienes el compañerismo se ha interrumpido, y orar unos por otros.

2:45-3:00 p.m. — El pastor (y otros) elevan oraciones corporativas de confesión y arrepentimiento por los pecados de relaciones personales a nivel de iglesia. El pastor debe estar preparado para mencionar estos pecados en forma específica.

De regreso a la santidad

Animo a la gente a ponerse de pie y tomarse de las manos o arrodillarse ante el altar (o ambas cosas).

3:00-3:15 p.m. — Receso para tomar agua e ir al baño (La gente debe estar de regreso antes de las 3:15 y limitar la conversación).

Categoría cuatro: "Pecados de comisión"
3:15-3:45 p.m. — El pastor o dirigente presenta un enfoque poderoso en pasajes bíblicos específicos que describen varios pecados de comisión. Por la dirección de Dios escogerá los pasajes bíblicos más necesarios para esa congregación.

3:45-4:15 p.m. — La congregación se divide en grupos pequeños para oraciones de confesión y arrepentimiento relativos a los pecados de comisión.

4:15-4:30 p.m. — El pastor (y otros) dirigen en oraciones corporativas de confesión y arrepentimiento por los pecados de comisión y transgresión a nivel de iglesia. Pida que la congregación participe poniéndose de pie o arrodillándose ante el altar.

Categoría cinco: "Pecados de omisión"
4:30-5:00 p.m. — El pastor (u otro dirigente) presenta un mensaje y enfoque fuerte sobre varios pasajes bíblicos en esta categoría. Enfoca pasajes particulares según el Espíritu de Dios dirige. El propósito es revelar la presencia de pecados principales de comisión individuales y corporativos.

5:00-5:30 p.m. — El pastor o el dirigente pide que congregación se divida en grupos pequeños de oración para confesión y arrepentimiento en este aspecto de pecado.

5:30-5:45 p.m. — El pastor y otros dirigentes elevan oraciones corporativas de confesión y arrepentimiento en cuanto a puntos claves de omisión. La congregación se pone de pie o se arrodilla al participar.

5:45-7:00 p.m. — Receso y tiempo personal de oración. Se anima a la gente a que durante este receso, bien sea continúe ayunando o coma una comida ligera. De nuevo, este debe ser un tiempo de reflexión en oración y conversación en cuanto a Dios, y no respecto a asuntos seculares. Este receso también debe ser un tiempo para estar a solas con Dios para procesar lo que él ha hecho en uno y en la iglesia. Animo a que durante este tiempo usted ponga por escrito las impresiones en su diario.

7:00-8:30 p.m. Intercesión y adoración
7:00-7:20 p.m. — Empiece con testimonios de victorias personales que han ocurrido durante el día. (Las personas pueden contar lo que Dios ha hecho en sus vidas).
7:20-7:40 p.m. — Adoración congregacional y solos apropiados. Esto debe ser parte de alabanza y adoración intensa del Dios que perdona y muestra misericordia. Pídale a su director de música y solistas que preparen un período reverente y sin embargo poderoso de alabanza.
7:40-8:00 p.m. — Oraciones unidad de reconsagración y avivamiento. El pastor debe estar preparado para dirigir a la gente durante este período en oraciones concentradas de dedicación en todos los aspectos claves de pureza, ministerio y adoración. El pastor debe indicar al detalle aspectos específicos de arrepentimiento y nueva obediencia que reemplacen los modelos de pecado. Debe entonces enfocar la oración en todos los aspectos de nueva consagración y ministerio. La noche entonces puede concluir con oraciones unidas por genuino avivamiento que cubra a la iglesia y a toda la nación.

Una palabra acerca de la música

La música espiritual y de adoración puede jugar un papel vital en tales reuniones. Fuertemente insto a que se use música instrumental suave para concluir los tiempos de oración de grupos pequeños. Cantos e himnos bien colocados también pueden martillar la significación de un tiempo en particular de oración. Un solo ocasional o conjunto vocal también pueden martillar lo que Dios ha dicho. El principio director es que la música y la adoración deben mantenerse lejos del "espectáculo" o de alejar la atención del propósito de profunda adoración, humildad y arrepentimiento ante Dios.

Resumen

Permítame recalcar de nuevo que el formato que antecede es simplemente un modelo general. Se puede y se debe alterarlo según el Espíritu de Dios dirija a cada congregación. Sobre todo, nunca se ate a un horario. Si usted en efecto usa un bosquejo (para los que dirigen), no se lo dé a toda la congregación. Usted debe preocuparse por reunirse con Dios, y no por vigilar el reloj. Sea que use algo o todo el bosquejo que antecede, ¡Dios hará honor poderosamente a su sinceridad! Todos podemos hallar gran consuelo en la promesa gloriosa de Dios en Jeremías 29:13: *"Y me buscaréis y me hallaréis, porque me buscaréis de todo vuestro corazón."*

Modelo tres
Un llamado de cuarenta días para limpieza y renovación espiritual

Períodos de cuarenta días a menudo han tenido significación muy especial para tiempos de limpieza, preparación y transformación. Vemos ejemplos poderosos en las vidas de Moisés y Jesús (Éxodo 24:18; Mateo 4:2). En realidad, hay varias maneras de enfocar una renovación de cuarenta días, y se puede convocar tales períodos por varias razones. Si se los toma en serio, tales tiempos de limpieza ejercen un impacto impresionante en los creyentes individuales y la congregación entera. Recomiendo tres enfoques básicos que *cualquier* iglesia puede considerar.

Tres estrategias prácticas para períodos de limpieza de cuarenta días

(1) *Los dirigentes de la iglesia animan a los miembros de la iglesia como individuos a que abracen un proceso de cuarenta días de limpieza y renovación personal.* He hallado que esto resulta mucho mejor e incluye a muchas más personas si los dirigentes de la iglesia designan un período específico y lo mantienen ante la congregación. Aunque el énfasis lo promoverá la iglesia, la participación depende de los miembros como individuos. Este método no es altamente estructurado y la gente marchará a su propio paso. Sin embargo, sí animo a los líderes a que pidan a las personas que se comprometan al proceso profundamente como individuos. De alguna manera se debe pedir que la gente se comprometa *públicamente* al proceso. (Puede ser poner su nombre en una hoja, o pasar al altar en un llamado de consagración). El pastor tal vez quiera predicar sobre este énfasis y luego hacer el llamado para el compromiso público.

Uno de los propósitos designados para *De regreso a la santidad* es precisamente un recorrido de cuarenta días así de renovación y discipulado personal. Si se lo usa para este propósito, los dirigentes de la iglesia pedirán a las personas que empiecen en una fecha determinada y lo concluyan cuarenta días más tarde. Si se pide a los participantes que estudien como dos reflexiones bíblicas cada día, generalmente terminarán como cuarenta días más tarde. (Esto da campo para algunos días en que no lo harán debido a distracciones de calendario).

Una de las maneras para mejorar el énfasis es un breve sumario semanal de parte del pastor. Durante el culto de la mañana o de la noche debe destacar los pasajes bíblicos clave del material de la semana siguiente. Luego anima a la gente a ser consistente en cuanto a su tiempo diario de

De regreso a la santidad

limpieza. Esta es una estrategia poderosa para mantener ante la gente el recorrido de limpieza. Mantiene a la congregación participando, informada y con ánimo.

Otra manera de fortalecer el efecto es programar un testimonio semanal de alguien que está recorriendo la jornada de limpieza personal. Los testimonios semanales afectan poderosamente a la iglesia, tanto como a la persona que lo cuenta.

(2) *Los líderes de la iglesia llaman a un período comprehensivo de renovación a nivel de congregación.* En este método se promueve fuertemente el período de limpieza de cuarenta días como un énfasis principal a nivel de iglesia. Cada domingo el pastor puede predicar basado en algunos de los pasajes bíblicos señalados para la categoría de limpieza de esa semana. Es esencial urgir a todos los miembros (de adolescentes a adultos) a conseguir un libro de recurso y a comprometerse profundamente al proceso de cuarenta días. Debido a que este recurso está disponible a un costo tan bajo, *cualquier* iglesia puede fácilmente conseguirlo para su gente. Todo lo que tiene que hacer es pedir que sus miembros adultos den un dólar extra en cualquier domingo. Eso cubrirá más que los costos. La profundidad y consistencia de la promoción es vital para la eficacia de este énfasis.

Además de los testimonios semanales y dedicación inicial pública, he hallado que los sermones del pastor ejercen un impacto asombroso en la limpieza congregacional. Una estrategia poderosa es que el pastor enfoque cada sermón semanal (o sermones) a la categoría de pecado indicada en la semana previa en la guía. El énfasis de cuarenta días puede incluir bien sea seis o siete domingos. El material bíblico está diseñado para enfocar completamente todas las siete categorías de pecado individual y corporativo. La singularidad de este recurso es

Apéndices, Referencias bibliográficas

su *esmero* para cubrir todas las categorías de pecado y crecimiento. Incluso más allá de un período de cuarenta días, muchos pastores tal vez quieran considerar predicar basándose en todos los pasajes bíblicos contenidos en las siete categorías de pecado. (Esto se podría hacer los domingos por noche).

El pastor puede usar los pasajes bíblicos de esa semana para preparar fácilmente una amplia variedad de sermones relacionados. Cada pastor le permitirá a Dios que le dirija para su congregación en particular. Conforme los individuos sienten la convicción de su proceso de limpieza personal, el pastor entonces sigue con un mensaje bíblico sobre este mismo asunto. ¡Los efectos son asombrosos! Tal proceso también ayuda al pastor para predicar mensajes bíblicos sobre *toda la variedad* de pecado potencial. Este énfasis puede ampliar grandemente e intensificar la predicación del pastor en cuanto a todos los pecados y necesidades de la iglesia.

(3) *Convoque un período de cuarenta días de limpieza que precede a reuniones programadas de avivamiento o asambleas solemnes a nivel de iglesia.* Es asombroso que miles de iglesias programen cada año o cada dos años campañas de avivamiento sin ninguna limpieza ni preparación en lo absoluto entre su gente. No es sorpresa que la mayoría de estos avivamientos "programados" rara vez se vuelve avivamientos genuinos. ¡Es totalmente fuera de la Biblia intentar esfuerzos de avivamiento o cruzadas de evangelización sin un serio proceso de limpieza y arrepentimiento bíblico! Si acaso se lo hace, el énfasis de limpieza de la iglesia típicamente es muy superficial e incompleto. Tendemos a pasar por alto el asunto de limpieza y arrepentimiento serios. Sin embargo, cuando la oración intensa y limpieza precede a los eventos

principales, ¡Dios demuestra que todavía puede estremecer ciudades enteras!

Períodos serios de limpieza y oración también deben preceder a las decisiones principales de la iglesia o iniciativas evangelizadoras intensivas. Se debe considerar también limpieza especial en tiempos de ataques satánicos desusados. La limpieza debe hacerse por cierto cuando Dios castiga o retiene su bendición. Amigos: cuando volvamos a los patrones inmutables de Dios de limpieza y arrepentimiento, veremos de nuevo un derramamiento avasallador de avivamiento y evangelización en toda la nación. Mientras no lo hagamos, ¡no lo veremos!

Modelo cuatro
Reuniones de avivamiento que enfocan la limpieza y el arrepentimiento

Una de las señales trágicas de los tiempos modernos es que la iglesia se ha alejado de períodos extensos de arrepentimiento vistos en los avivamientos del Antiguo Testamento y en todos los grandes despertamientos espirituales en toda la historia de la iglesia.[15] En la búsqueda moderna de *conveniencia*, hemos programado reuniones que son tan breves (y bíblicamente superficiales) que el verdadero avivamiento es virtualmente imposible. En esencia, nos hemos "programado" nosotros mismos fuera del avivamiento genuino enviado por Dios.

Todavía más, la mayoría de reuniones modernas de avivamiento no son avivamientos para nada. En su mayor parte son breves campañas de evangelización. Aunque desesperadamente necesitamos las campañas de evangelización, éstas jamás pueden reemplazar la necesidad desesperada de tiempos principales de profunda limpieza bíblica en la iglesia. En forma muy interesante, la historia demuestra que lo mejor que jamás podríamos hacer para la

Apéndices, Referencias bibliográficas

evangelización ¡es dirigir a la iglesia de vuelta al serio arrepentimiento! Cuando la iglesia experimenta verdadero avivamiento, las conversiones no sólo brotan en grandes números, ¡sino que demuestran ser mucho más genuinas y duraderas!15

Así que, ¿cómo puede usted dirigir a su congregación a una verdadera limpieza y avivamiento? Por cierto no hay ningún formato mágico, pero hay modelos bíblicos inmutables. Para resumirlos de nuevo, son: (1) *Exposición intensiva a pasajes bíblicos que convencen de pecados específicos,* y (2) *dirigir al pueblo de Dios a tiempos intensos de oración y arrepentimiento extenso.*

Estoy plenamente convencido de que *podemos* llevar nuestras reuniones de avivamiento de regreso al propósito ordenado por Dios. Las páginas que siguen revelan pautas prácticas para volver a reuniones de aislamiento que son verdaderamente bíblicas y que cambian la vida.

Pasos prácticos para reuniones bíblicas de avivamiento

1. *Programe la reunión con suficiente anticipación como para permitir numerosas reuniones de oración preparatoria.* Fuertemente sugiero reuniones de oración en privado y a nivel de iglesia con varias semanas de antelación. También, dé a su gente guías bíblicas específicas sobre cómo orar por el avivamiento y énfasis en la limpieza. (Obviamente, nada sucederá sin oración intensa y concentrada).
2. *Inste a todos los miembros activos a utilizar completamente y con oración una guía comprehensiva de limpieza antes de la reunión en sí.* Recomiendo por lo menos un período de preparación de dos semanas. También se puede considerar una preparación de cuarenta días.
3. *Durante el período de preparación y el mismo avivamiento, anime a su gente a ayunar por lo menos una comida cada*

De regreso a la santidad

día y dedicar ese tiempo a la oración y limpieza bíblica. (Nunca se debe exigir el ayuno ni hacerse de una manera orgullosa y legalista). El pastor debe dar a su congregación enseñanza básica sobre los varios tipos de ayuno. (Es esencial que enseñemos a nuestra gente el propósito divino del ayuno antes que simplemente la mecánica).

4. *Cada noche el pastor (o predicador invitado) predicará sobre una de las siete categorías principales de pecado.* A la predicación debe seguir un tiempo significativo de oraciones de confesión y arrepentimiento en grupos pequeños y corporativamente. (Ver ideas en Modelos uno y dos). Hacia el fin del servicio habrá un tiempo principal de invitación. La invitación es el momento para que la gente responda con decisiones y consagraciones públicas. Se insta a la gente a responder públicamente a la forma en que Dios está obrando en su vida. Como en otras reuniones de avivamiento, la música sensible y dirigida por Dios es de gran valor.

5. *El pastor puede usar los pasajes bíblicos de la guía de limpieza para dirigir su sermón, así como también los tiempos de limpieza y arrepentimiento.* Cada noche el predicador debe enfocar una categoría de pecado. Tratará con ese pecado de una manera muy enfocada y bíblica.

Este tipo de reunión de avivamiento es especialmente poderosa por dos razones: (1) La gente participa en preparación profunda personal y unida. Además de la oración ferviente, se ven plenamente expuestos a la palabra de Dios en todo aspecto clave de sus vidas. (2) Las reuniones mismas se concentran fuertemente en tratar bíblicamente con los pecados y necesidades espirituales de la iglesia. No son sermones temáticos centrados en el hombre. Los mensajes van profundamente a todo aspecto clave de la vida individual y corporativa de la iglesia. Se exponen los asuntos del pecado y del yo de una manera exhaustiva y comprehensiva.

Creyentes: ¿por qué peregrina razón pensamos que podemos tener avivamiento sin este tipo de énfasis? Aunque tales reuniones son diferentes de la norma, son a la vez prácticas y poderosas. ¡Por la gracia de Dios *podemos* volver a la edad de los modelos viejos de avivamiento avasallador! Y, sin lugar a dudas, Dios quiere encontrarnos precisamente en donde lo dejamos, en el lugar de arrepentimiento completo y oración ferviente.

Modelo cinco
Grupos de oración de capacitación y discipulado, que enfocan la limpieza y arrepentimiento

Enfrentamos hoy una necesidad urgente de llevar al pueblo de Dios de regreso a un discipulado que es dinámico y que cambia la vida. En verdad, ¿puede haber algún discipulado real que no incluya un enfoque intenso en la profunda limpieza espiritual y la oración? ¡Pienso que la respuesta es que no! La misma esencia del crecimiento es la exposición diaria a pasajes bíblicos poderosos que escudriñan varios aspectos de nuestras vidas. ¡Entonces nuestras oraciones y nuestro esfuerzo por ganar almas adquirirán un poder que mueve montañas!

De regreso a la santidad se arregló a propósito de una manera apropiada para el estudio y oración en grupos pequeños. En verdad, hay en un grupo pequeño de estudio y oración un poder que es difícil de igualar. **Con oración considere los siguientes pasos para revolucionar su capacitación de discipulado y ministerio de grupos de oración.**

1. *Promueva el recurso de limpieza como un curso trimestral de capacitación de discipulado para crecimiento espiritual y avivamiento personal.* De esta manera su gente estudiará una variedad comprehensiva de pasajes bíblicos que tratan de todos los aspectos de sus vidas. Gracias a Dios, hay un

De regreso a la santidad

creciente interés en el tema de limpieza profunda y arrepentimiento. Este curso de capacitación de discipulado funciona de la siguiente manera:

(a) Pida que un creyente maduro sea el dirigente o facilitador del grupo. (Esta persona dirigirá la conversación y los tiempos de oración cada semana). El líder simplemente usa las Preguntas para reflexionar al final de cada sección. Se pide a los miembros del grupo que respondan a las preguntas. En los últimos veinte minutos de la reunión el líder guía a los miembros en un tiempo de oración en grupo en cuanto a puntos de confesión o de crecimiento necesitado.

(b) Se espera que durante la semana los participantes del grupo estudien y oren siguiendo la mitad de una de las siete categorías. (En la reunión semanal el grupo decidirá en donde detenerse en la lectura para la semana que sigue). Si se toma la mitad de una categoría cada semana, se terminará en cómo 13 semanas. Para asegurarse de que termina, puede escoger una semana para cubrir una sección entera.

Sin embargo, los grupos de discipulado deben considerar la flexibilidad de avanzar a su propio paso. Después de todo, este proceso está diseñado como una relación personal con Dios, y *no* como un programa rígido sin variación. De hecho, muchos grupos elegirán hacer de este curso un estudio de 26 semanas. (Especialmente si su tiempo de reunión es sólo una hora). También recomiendo que los grupos de estudio se hagan en los hogares para que puedan tener un marco de tiempo abierto.

(c) En la sesión semanal a cada persona se le debe pedir que establezca pasos específicos de obediencia a lo que Dios le ha revelado. ¡Este curso no está diseñado meramente para estudiarse! Está diseñado para guiar a los creyentes en pasos concretos de arrepentimiento y obediencia. El grupo ayudará a que unos a otros se exijan responsabilidad para cumplir los compromisos hechos.

2. *Exija esta guía de limpieza (o alguna otra guía eficaz) para todos los que trabajan en el ministerio de oración o equipos de evangelización de su iglesia.* Debe también ser un requisito para todos los diáconos y maestros de la Biblia. Debemos alejarnos del modelo de un énfasis enorme en la metodología y estrategias que simplemente *dan por sentado* que nuestros líderes están limpios delante de Dios. En un alto número de casos esa es una presuposición peligrosa y falsa. Ojalá volvamos a la verdad inconmovible de que nuestros programas y estrategias serán sólo tan poderosos como la limpieza espiritual y poder de oración de los que los usan. A todo el que se compromete con un equipo de ganar almas se le debe *exigir* que realice un proceso serio de limpieza ¡por lo menos dos semanas antes de que empiece su capacitación! De otra manera, corremos el alto riesgo de enviar a testigos que no están limpios por completo ni genuinamente llenos del Espíritu Santo.

Esta guía de limpieza es una herramienta sencilla centrada en la Biblia que es muy flexible por diseño. Sea creativo y permita que Dios le guíe en una relación cada vez más profunda con él.

Conclusión

Por demasiado tiempo nos hemos olvidado que Dios es indescriptiblemente santo. Sin embargo, incluso ahora, él esta llamándonos de regreso a sí mismo y a un profundo arrepentimiento. ¿Podemos realmente darnos el lujo de seguir haciendo iglesia como de costumbre?

De regreso a la santidad

¿En dónde estará nuestro país en apenas unos pocos años si no vemos un gran despertamiento masivo? Con certeza por lo menos estamos empezando a darnos cuenta de que nuestra respuesta primordial no es simplemente una mejor estrategia. Si nuevas estrategias podrían haber producido un despertamiento avasallador, nuestra generación habría visto desde hace mucho el avivamiento más grande en la historia del mundo. Sin embargo, a pesar de una explosión de cincuenta años de nuevos programas y estrategias, hemos visto con mucho el más grande colapso moral y estancamiento en bautismos en la historia de los Estados Unidos.

Amigos: Ya es tiempo para un nuevo paradigma espiritual. Sin embargo, el paradigma no es nuevo para nada. Es el mismo viejo paradigma bíblico que nunca ha cambiado y nunca cambiará. No es que necesitemos menos programas. En verdad, nuestros programas son excelentes y siempre debemos estar buscando maneras mejores para hacer la obra de Dios. Pero también debemos volver a la senda primordial de Dios al avivamiento avasallador y evangelización explosiva. Esa senda nunca ha cambiado. *Es un retorno a un profundo arrepentimiento y oración unida y ferviente. Los resultados de nuestros esfuerzos evangelizadores entonces brotarán multiplicados.* No puedo pensar en una mejor manera de terminar este libro que con las propias palabras de invitación de Dios. ¡Qué Dios nos ayude a no conformarnos con menos que él mismo!

"Por eso pues, ahora, dice Jehová, convertíos a mí con todo vuestro corazón, con ayuno y lloro y lamento. Rasgad vuestro corazón, y no vuestros vestidos, y convertíos a Jehová vuestro Dios; porque misericordioso es y clemente, tardo para la ira y grande en misericordia, y que se duele del castigo. ¿Quién sabe si volverá y se arrepentirá y dejará bendición tras de él, esto es, ofrenda y libación para Jehová vuestro Dios?" Joel 2:12-14.

"Sembrad para vosotros en justicia, segad para vosotros en misericordia; haced para vosotros barbecho; porque es el tiempo de buscar a Jehová, hasta que venga y os enseñe justicia" Oseas 10:12.

Referencias bibliográficas

1. H. Brian Edwards, *Revival! "A People Saturated with God,"* (Durham, England: Evangelical Press, 1990), 112-115.
2. Reports of Vocational Evangelists: anecdotal
3. George Barna, *The Frog in the Kettle,* (Ventura, California: Regal Books, 1990), 117.
4. Ron Blue, *Storm Shelter: Protecting Your Personal Finances,* (Nashville, Tennessee: Thomas Nelson Publishers, 1994), 129.
5. H. Robert Bork, *Slouching Towards Gommorah,* (New York, New York: Harper Collins Publishers, Inc., 1996), 134.
6. Rodney J. Crowell, *Musical Pulpits: Clergy and Lay Persons Face the Issue of Forced Exits,* (Grand Rapids, Michigan: Baker Book House, 1992), 21.
7. G. Lloyd Redeger, *Clergy Killers,* (Louisville, Kentucky: Westminster John Knox Press, 1997), 32.
8. Barna, 133.
9. Larry Braidfoot, *Gambling: "A Deadly Game,"* (Nashville, Tennessee: Broadman Press, 1985), 15.
10. Ibid., 148-149.
11. Karen Hoyt, *The New Age Rage,* (Old Tappan, New Jersey: Fleming H. Revell Company, 1987), 17-19.
12. Stephen F. Olford, *Heartcry for Revival,* (Memphis, Tennessee: EMI Books, 1987), 78.
13. Richard Owen Roberts, *Sanctify the Congregation,* (Wheaton, Illinois: International Awakening Press, 1994), 10.
14. Ibid., 3-5.
15. Richard Owen Roberts, *Glory Filled the Land,* (Wheaton, Illinois: International Awakening Press, 1989), 115.

www.ingramcontent.com/pod-product-compliance
Lightning Source LLC
Chambersburg PA
CBHW072017110526
44592CB00012B/1343